Joséphin Peladan

L'Art de Choisir sa Femme

D'après la physionomie

(1890)

Édition : BoD · Books on Demand, 31 avenue Saint-Rémy,
57600 Forbach, bod@bod.fr
Impression : Libri Plureos GmbH, Friedensallee 273,
22763 Hamburg (Allemagne)
ISBN : 978-2-3225-7038-6
Dépôt légal : Juin 2025

SOMMAIRE

PRÉFACE

Tout ce qui est du domaine de l'observation appartient à celui de la science, et l'anthropologie doit traiter des formes du corps comme elle traite de ses organes.

Mais la science officielle n'a pas encore admis qu'il y ait corrélation entre la physionomie et l'âme, et que les ressemblances physiques correspondent à des ressemblances morales. Cependant la médecine, de tout temps, a décrit les modifications qu'une maladie et une diathèse marquaient sur l'homme extérieur. Le sens commun, depuis toujours, a admis que les passions imposent à ceux qui les éprouvent un air de famille. Cela est prouvé par le cachet que la profession imprime sur les individus les plus divers. Ne reconnaît-on pas le prêtre, l'officier, l'acteur, le médecin, le magistrat, l'artiste, à une allure professionnelle ? Les gens d'affaire ressemblent-ils aux oisifs et aux fonctionnaires ?

Les passions marquent l'homme, comme les fonctions, car ce sont aussi des habitudes, et combien profondes !

L'antiquité et la Renaissance nous ont laissé de véritables traités sur la matière ; mais deux branches, seulement, de l'art de connaître les hommes sont entrées dans les habitudes : la chiromancie et la graphologie.

Il n'y a pas de salon, sans qu'on y lise les mains et qu'on y déchiffre le caractère par l'écriture. Ce sont les arts mineurs de la divination : l'œil, la bouche, si vivants, si parlants, révèlent mieux l'individu que la forme de ses doigts, et sa démarche, ses gestes parlent plus ouvertement que son écriture, ce geste figé.

La Physiognomonie est donc la science mère de la psychologie divinatoire, et, sans discuter l'authenticité de l'ouvrage attribué à Aristote, disons qu'un traité de « Fisonomia » était déjà dédié à la reine Elisabeth d'Angleterre. Le napolitain Porta découvrit les ressemblances animales de l'homme : et les manuscrits de Léonard de Vinci abondent en remarques physionomiques.

Sans énumérer la série des ouvrages jusqu'à Lavater, Desbarolles, Ledos, et Decrespe et Polti, il y a trois méthodes : celle des tempéraments hypocratiques, celle des formes géométriques et, enfin, le planétarisme, qui a pour lui une incontestable antiquité.

Le tempérament constitue une division médicale basée sur la prédominance de telle humeur : le sanguin correspond à Mars, le nerveux à Vénus, le bilieux à Saturne, et le lymphatique à la Lune. Le Soleil, Mercure, Jupiter, ne peuvent pas s'identifier.

Quand au système géométrique avec les types : rond, ovale, triangulaire, conoïde, employé par le savant M. Eugène Ledos, il ne s'applique guère qu'à la forme de la tête : c'est surtout une métoposcopie. Lucrèce Borgia ressemble, comme forme de crâne, à certaines saintes ; et chez la femme, le peu de développement de la tête, ainsi que les artifices de la coiffure et du chapeau rendraient ce procédé difficile.

Les types planétaires sont connus, proverbiaux. Le caractère martial, jovial, saturnien, lunatique se dessine dans l'esprit de tous : la mythologie vient encore achever, par ses allégories, de préciser les catégories.

Chaque planète correspond à une activité de l'homme.

Saturne	représente	la Pensée
Le Soleil	—	le Génie
La Lune	—	le Rêve.
Jupiter	—	l'Ordre.
Vénus	—	l'Amour.
Mars	—	l'Action.
Mercure —		l'Adaptation.

La conception (Saturne) précède la Création (Soleil, et se meut dans un halo de rêve (Lune) ; elle en sort pour s'harmoniser avec l'ordre éternel (Jupiter], et l'Amour (Vénus) met en œuvre (Mars) ; enfin les multiples adaptations s'opèrent (Mercure).

La subdivision en type bénéfique et maléfique se comprend de soi-même ; il y a bénédiction de l'astre ou malédiction. La même faculté, excellente en soi, devient funeste par l'excès et aboutit au vice et au crime.

Vénus, c'est l'amour avec tout son rayonnement ; Vénus exagérée et déréglée, sera la débauche avec toutes ses hontes. Mercure donne l'habileté ; mais l'extrême habileté devient malhonnête. La foi de Saturne est profonde, elle peut s'exagérer, fanatique et implacable.

Jupiter excelle aux grands emplois, mais son ambition contrariée le rend vindicatif et sans scrupule. Mars énergique et courageux en bonne influence, apparaît brutal et sanguinaire, sous la mauvaise.

Les écrivains de cette matière, n'ont pas étudié la femme avec autant de soins et de détails que l'homme ; et surtout ils ont négligé de développer les lois du complémentarisme sexuel.

Or, qu'y a-t-il de plus important pour chacun que le choix de sa compagne ? La question d'amour n'est-elle pas la plus grave de celles que pose la destinée ? N'est-ce pas là l'énigme qui permet d'expliquer les autres ?

De tout temps, on a traité légèrement les choses du mariage et de la passion, et le titre de ce livre : L'Art de choisir sa Femme, paraîtra à beaucoup une fantaisie sans véritable portée.

Cependant, on pourrait donner plusieurs pages, seulement pour la liste des ouvrages consultés, et il n'y a pas une ligne qui ne soit susceptible d'un renvoi à quelque passage de traités savants.

Mais cet étalage inutile d'érudition changerait le caractère de l'ouvrage et en rendrait la lecture aride. Qu'importe au lecteur qu'une remarque soit de Paracelse, d'Agrippa ou de Porta ?

Il y a une utilité véritable à reconnaître les types passionnels au premier aspect et aussi un intérêt de curiosité spirituelle à se dire, en voyant passer une femme : « je devine sa façon d'aimer et le genre d'hommes qu'elle doit aimer ».

Un petit volume ne contient pas toute une science, mais il suffit à donner à l'esprit le goût de l'observation avec lequel on ne s'ennuie jamais. Balzac, debout contre une porte de salon ou cahoté dans un omnibus, lisait sur les visages les secrètes pensées : c'était un voyant !

Sans ambitionner cette faculté prodigieuse, on peut cultiver, avec fruit, l'observation physiognomonique et acquérir ainsi un élément de distraction d'un ordre élevé.

Une fois cette habitude contractée, de dévisager l'âme à travers le corps, on se trouvera singulièrement averti pour le jour d'une rencontre néfaste ; un signe révélera l'être de perfidie et on sauvera son honneur et son repos, pour avoir appris à connaître les femmes d'après la physionomie.

Livre I :
Les quatorze types

La Vénusienne (bénéfique)

LA VÉNUSIENNE
(TYPE BÉNÉFIQUE)

Comme Bacchus, Vénus évoque, dans l'imagination, des images grossières ou galantes, sans rapport avec l'antique signification.

La Vénus astrologique n'est pas la délectable maîtresse d'une nuit, et le rêve de la luxure ; elle incarne l'idée d'amour, au sens le plus noble et le plus étendu.

Amante incomparable, épouse passionnée, elle est aussi pieuse et d'une religiosité profonde ; fille respectueuse et dévouée, mère attentive et tendre, pleine de cœur pour ses amis, douce et protectrice aux inférieurs, secourable à tous et réalisant cette charité chrétienne qui ne choisit pas et répond, d'un mouvement spontané, aux appels de la souffrance.

Ici la bonté de l'âme s'unit à la beauté du corps, et la grâce extérieure exprime la noblesse des sentiments. Elle prodigue son intarissable tendresse et ne trouve le bonheur qu'en le donnant à ceux qui l'entourent. Cet être de paix, d'union et de joie est aussi un être de devoir, et s'entend avec les autres planètes, voire avec Saturne, qu'elle séduit et déride.

Il ne faut lui demander ni les profonds sentiments de la Saturnienne, ni le mysticisme lyrique de la Lunarienne, ni l'héroïsme qui vient de Mars, ni l'habileté que donne Mercure. Elle aime, et son exquise sensibilité supplée à tout. C'est la femme idéale, celle qu'il faut épouser, si on la rencontre, car sa vertu est charmante ; elle s'identifie avec celui qu'elle aime et lui fait le bonheur qu'il veut.

Bien rarement ce type se trouve pur. On le reconnaîtra aux traits suivants :

Ni grande, ni petite, mais paraissant plutôt grande, elle s'avance avec une assurance tranquille qui s'inspire de la conscience de son charme ; et jamais de son rang social, comme fait la Jupitérienne. Sa démarche souple, ondulante, rhythmique la signale, de loin.

Elle rejette la tête en arrière et regarde bien en face, avec une douceur qui provoque la sympathie. Même dans la distraction, ses yeux sourient, car ses pensées ne sont jamais sombres, ni combattives.

Deux caractères majeurs s'accusent au premier examen : la courbe harmonieuse des mouvements et la rondeur des membres.

L'expression « faite au tour, faite au moule » exprime ce cachet de la forme vénusienne ; le moyen âge appelait *vénusté*, la grâce de l'allure.

La tête petite et de lignes régulières rappelle celle de la statuaire grecque aux joues pleines et arrondies, sans maxillaire apparent.

Court et arrondi, le front est fortement veiné et cette vénure se fonce et bleuit dans l'émotion. Le nez, gras, avec des narines mobiles et ouvertes en rond, s'élargit à la racine et s'arrondit au bout, quoique de forme droite.

Clairs, humides, les yeux à fleur de tête montrent une prunelle dilatée : fendus en amande ils se recouvrent d'une paupière ronde, saillante et filigranée de vaisseaux sanguins très visibles.

Les cils longs et soyeux frisent et se retroussent ; les sourcils larges et nets s'éloignent des yeux et laissent au-dessus du nez un espace sans duvet.

Petite, ronde, rouge, la bouche, aux lèvres épaisses et lisses, présente cette particularité que la lèvre inférieure, fendue au milieu comme par une blessure, se gonfle vers le côté droit et déborde la supérieure, en une moue sensuelle.

Les dents petites et serrées, d'un blanc azuré, s'enchâssent en des gencives de corail.

Rond et un peu long, le menton porte au milieu une fossette.

La petitesse de l'oreille, très délicate, étonne ; mais le lobe est gras. Le cou, parfaitement rond, se continue par des épaules très tombantes.

Noirs ou châtain foncé, les cheveux abondants ondulent d'eux-mêmes et conservent longtemps leur couleur. La Vénusienne peut se peigner avec un clou, comme la gitana de Mérimée.

Son décolletage l'emporte sur tous ceux d'un bal ; la blancheur de la poitrine, la rondeur des épaules, le caractère vivant, intelligent même du dos, produisent une très vive impression de volupté. Les seins très séparés, attachés bas et en forme de pommes s'avancent, littéralement ; ils la précèdent, imitant la gorge du pigeon.

Frappés de fossettes à l'épaule et au coude, les bras s'amenuissent jusqu'à un poignet fin aux veines apparentes. Les reins très cambrés se retroussent en fesses très rondes.

Le ventre décrit une courbe prononcée entre les cuisses, hautes, larges et longues, qui sont une des parties parfaites de son corps.

Les genoux, sans rotule visible, s'inclinent en dedans et les mollets décroissent en cheville fine. Le pied court affecte une blancheur marmoréenne.

Ce signalement physique implique un état psychologique correspondant.

La Vénusienne naît de jour et, dès lors, ressemble à son père ; elle naît coiffée et pèse plus que les autres enfants. Elle crie peu et ne pleure presque pas, elle parle tôt et se montre tout de suite affectueuse.

Dès le berceau elle exerce un véritable charme sur la famille ; déjà elle préfère son père à sa mère : la loi d'attraction sexuelle se montre brusquement. Enfant gaie, rieuse, facile à élever, en la prenant par les sentiments ; elle ne mène pas grand tapage, ne gâte, ni ne casse rien et ne se salit pas. Mais la solitude lui est insupportable. Faute d'une petite amie, elle ira jouer à la cuisine, chez les voisins ou la concierge. Rester seule représente son pire supplice et, plus tard, elle sera capable de se donner, sans entraînement, par besoin de compagnie.

L'intimité, le tête à tête la satisfont pleinement, mais il lui faut quelqu'un en face d'elle ; son imagination exclusivement sentimentale s'assombrit par l'isolement, même le plus court.

Elle prête et donne facilement ses jouets ; si elle reçoit des friandises, elle attendra pour les manger le moment de les partager avec une amie.

Elle apprend avec facilité, puis elle oublie ; sa mémoire docile lui permettrait l'étude, si elle en avait le goût. Les ouvrages d'aiguilles et toute occupation manuelle l'ennuyent. Dans l'absence de stimulant sentimental, elle devient volontiers oisive. Pour fêter un parent et lui faire plaisir, elle travaillera jusqu'à mériter un prix, et retombera ensuite à sa nonchalance.

Fillette, elle ne joue qu'avec une seule poupée, et plus tard, elle détestera d'appartenir à deux hommes en même temps. Écolière, elle s'applique, quand le professeur lui plaît, fût-il âgé. Personne ne résiste à sa gracieuse et bonne humeur, et son enfance est heureuse.

Elle raffole d'organiser de petites fêtes, de préparer des compliments et de faire des surprises agréables dans l'intimité.

Attentive au goût de chacun, elle mettra, dans les serviettes pliées d'un gala familial, ce qui doit plaire à chaque convive. Elle a le génie des prévenances et du détail bienveillant. Elle n'envie personne, si elle se croit la plus aimée dans son milieu.

Il n'y a pas de Vénusienne au couvent, et aucune ne reste fille. Elle épouserait plutôt un aïeul ou un manant. Même pure et chaste, elle aspire au mariage avant d'aimer, et accepte, sans avoir choisi, le parti sortable qui s'avance le premier. Au reste, les hommages s'empressent autour de ses seize ans. Les gens d'occupation matérielle, ingénieurs, industriels, modernes Vulcains sont vivement impressionnés par le charme vénusiaque, et l'expérience confirme la fable qui attribue au noir forgeron de l'Etna, la blanche Kypris. Lyon, ville commerçante, Saint-Etienne, ville industrielle, montrent à l'observateur beaucoup de Venusiennes, toutes mariées jeunes.

Au contraire de la Lunarienne qui a l'imagination développée et exigeante, et de la Jupitérienne, toujours préoccupée des vanités sociales et mondaines, elle ne poursuit que la réalisation du bonheur intime. Qui le lui donne, peut être impunément obscur et laid ; les cheveux gris et même blancs ne l'effarouchent pas, pourvu qu'on soit viril aux intimités. Vers l'âge critique parfois, regardera-t-elle Chérubin avec les yeux de la comtesse Almaviva ? Mais les choses normales seules l'attirent ; incapable de perversité et de vices contre nature, elle veut être aimée sainement, paisiblement, honnête épouse à condition qu'on ne lui impose pas les deux choses qui lui paraissent impossibles : la continence et l'indifférence.

La brusquerie, l'injuste soupçon, les scènes surtout, la poussent à l'adultère, et, chose remarquable et inexpliquée, jamais une Vénusienne n'est surprise en flagrant délit, elle échappe aux conséquences de ses fautes ; une impunité singulière accompagne ses déportements.

Ses goûts majeurs vont aux fleurs, aux parfums et aux bijoux. La tradition lui donne Mars pour amant, et on a conclu qu'elle aimait la gloire militaire et le brillant de l'uniforme. Autre est la raison de ce complémentarisme. L'officier, d'ordinaire impulsif, vivant au jour le jour, aimant le plaisir, correspond à l'appétence Vénusienne qui est positive et réaliste. Desdémone, qui s'enivre à écouter les exploits du More, est une lunarienne.

L'amour conjugal retient aisément Vénus à la maison, mais elle aime les fêtes gaies, et dans une certaine classe, elle chantera au dessert. Elle adore les parties de campagne. Ce sont les occasions propices pour la séduire : cueillettes de mûres le long des haies ou de pâquerettes dans la prairie, déjeuners sur l'herbe, parties de canot ou de pêche, retour en bande sur la route enlunée ; voilà des plaisirs plus vifs que ceux du monde élégant.

Peu instruite, ne lisant guère que des légèretés, voire des polissonneries ; mal douée pour le piano, mais chantant bien la romance sans étude, elle est méridionale et italienne de goût et n'entend rien à la musique allemande. En peinture, elle aime les artistes des fêtes galantes ou les sentimentalités de Greuze.

Elle préfère la nourriture excitante et les vins mousseux à tout le reste.

D'une propreté de chatte sur elle et autour d'elle, adorant le bain et les ablutions multipliées, elle abuse des parfums, quoi qu'elle ait la respiration courte et un impérieux besoin d'air pur et renouvelé.

Jeune fille, elle se plaît aux toilettes claires, et mûre aux étoffes riches ; elle étage les bagues sur ses doigts et arbore plus de bijoux que ne voudrait le goût. Elle les collectionne même, ainsi que les dentelles, les éventails et les boîtes à pastilles.

À la fois crédule et persuasive, elle a l'oreille ouverte aux invraisemblances débitées avec feu et on se défend mal de la croire, même si elle ment, car sa grâce se passionne et devient irrésistible. Elle danse à ravir, mais ne s'applique à aucun art. Elle sera de bon conseil, par intuition : une antipathie prophétique l'avertit devant les individus qui peuvent lui devenir funestes ; mais elle se méfie peu et confie aisément ses secrets. Ce qui évoque l'idée de la mort l'épouvante ; elle souffre d'assister aux messes d'enterrement.

Ce type ne fournit ni bas bleu, ni libre penseuse, ni révolutionnaire, ni conspiratrice. Elle est toujours du parti de l'ordre et de la tradition, conservatrice et réactionnaire comme la Jupitérienne.

Une tradition du seizième siècle lui attribue un penchant déclaré pour les médecins et, dans la classe inférieure, une inclination irraisonnée pour les horticulteurs et les orfèvres et éventaillistes. Des gagne-pains de la femme, c'est celui de fleuriste qu'elle adopterait le plus volontiers.

Ouvrière, elle séduit souvent son patron ou quelque riche client, sans intrigue, par rayonnement.

Être d'impulsion et de premier mouvement toujours bon, elle se fait place au banquet de la vie, par droit de grâce, prête à rendre en proportion de ce qu'on lui donne, reconnaissante à qui l'accueille et aimant qui l'aime.

Sa conquête et sa paisible possession n'exigent pas de rares qualités ; une application sans défaillance y suffit.

Mais il ne faut jamais négliger une Vénusienne, ni moralement, ni sensuellement.

L'amour étant sa seule occupation, s'il manque, elle désespère et devient capable des sots coups de tête. La fine créature, alors, s'encanaille et perd sa dignité, au pire prix, son besoin d'affection et de volupté. Mais, en tombant, elle garde un sens ingénu et droit, et se conduira aussi bien comme concubine que comme épouse. Elle donnera le bonheur, même dans les situations fausses et contrariées.

Parmi les tableaux célèbres, la Vierge à la Chaise de Raphaël la représente idéalisée ; elle remplit aussi l'œuvre du

Titien et de Rubens quoique différenciée ici et là, par les climats divergents.

Toutefois la Vénusienne se modifie sous l'influence d'autres planètes. Jupiter la rend orgueilleuse et tempère son besoin d'être aimée par celui d'être enviée.

Quoiqu'elle charme l'œil et inspire une immédiate sympathie, elle ne paraît avec ses avantages que dans l'intimité. Là, sa grâce, rayonne : sa constante bonne humeur, sa douce gaieté réconfortent l'époux aux moments pénibles, et le tête à tete ne l'ennuyant jamais, elle se complaît à plaire incessamment , sans se blaser, ni se lasser. Créature de bonne volonté qui demande seulement à la vie un amour réciproque, elle incarne le bonheur pour les âmes tendres. Belle et douce, elle apporte la paix et le sourire au foyer. Aux rêveurs dont le désir est compliqué, la lunarienne est dédiée ; aux intellectuels chez qui l'idée domine, la Solarienne ; aux ambitieux, la Jupitérienne et, aux gens pratiques, la Mercurienne ; mais aux cœurs aimants, appartient la bonne Vénus, non celle qui remplit la mythologie de ses amours, mais l'idéale qui consacre son cœur plein de rayons à un seul être, à son foyer et à ses enfants.

Chirognomonie : main grasse, potelée, à fossettes, doigts lisses, plutôt courts, finissant en fuseau : ongles très bombés et en amande, peau très douce et très blanche, pouce court.

Chiromancie : mont de Vénus développé, grande et profonde ligne de cœur à rameaux, racine du pouce très développée et rayée dans le sens vertical : quelquefois, trace de l'anneau de Vénus.

Graphologie : Écriture très penchée à gauche, fine, lettres rondes, pas d'angle aigu, égalité des mots. T barrés en retour et en bas. Paraphe simple, finissant en massue. L'émotion du moment modifie beaucoup l'aspect graphique et augmente l'épaisseur et la fréquence des pleins : ce qui indique la sensibilité extrême. Car l'écriture est un geste, et une lettre tracée avec indifférence ne donne que la personne au repos et non sa puissance passionnelle. Il faut, pour bien juger graphologiquement, deux spécimens, l'un banal et l'autre écrit en un moment d'impression vive.

La Vénusienne (maléfique)

LA VÉNUSIENNE (TYPE MALÉFIQUE)

Voici la femme fatale, Dalila livrant Samson aux Philistins ; épouse de Putiphar calomniant Joseph ; Circé changeant en pourceaux les compagnons d'Ulysse.

Dans le grand monde, elle sème la ruine, le déshonneur, le suicide ; dans le peuple, elle pourvoit la prison et même l'échafaud !

La nature a marqué d'un caractère visible les animaux dangereux : nul ne croira inoffensive la vipère, même endormie ; nul ne serait trompé à l'aspect de la mauvaise Vénus, si elle n'agissait magnétiquement sur l'homme, en véritable fascinatrice.

Son effronterie tout d'abord la révèle, à moins qu'elle soit née dans les hautes classes et que l'éducation ne lui ait appris une puissante dissimulation. On la rencontre à tous les échelons de la galanterie professionnelle qui est sa véritable destinée. Courtisane par vocation, elle sait éveiller les sens et s'identifier à eux, avec un art prodigieux. Elle appelle le bouc qui se cache dans l'homme et l'enchaîne par une savante adaptation lascive. C'est elle qu'on aime jusqu'à se tuer et qu'on méprise jusqu'à la tuer, en même temps : la Colette de Bourget, la Glu de Richepin. La plupart des femmes, par vanité, commencent les aventures d'amour avec des toilettes morales qu'il faut vite quitter ; la mauvaise Vénus se présente sous l'aspect le plus éhonté et celui qui n'est pas rebuté au début, n'a plus raison de l'être jamais.

Elle ne s'embarrasse ni de grands sentiments, ni de pudeur et commence par où les romans finissent. Elle ne se marchande pas, sachant bien que l'habitude forgera une chaîne plus forte que le désir.

Quand on voit une femme jolie et sans morale qui n'a pas trouvé d'amant, on peut se dire qu'elle a eu le tort d'exiger trop, préventivement, dans l'ignorance des miracles de l'habitude. L'homme est humilié de tout ce qu'on lui demande, avant l'amoureuse merci : il veut l'illusion d'être aimé. Qu'on la lui donne, et sa reconnaissance s'exprime plus généreusement que n'eût fait son désir.

Souvent petite, du moins trapue, elle affecte une allure provocante, d'autant plus frappante qu'elle a le ventre bombé et la croupe très forte. Elle marche en roulant les hanches et semble dire : « Je suis la femelle ». Son regard, qui donne l'impression d'un attouchement, elle le plante dans les yeux de l'homme, comme un défi. Elle ne s'offre pas, elle s'impose. Sa coquetterie brutale et agressive s'adresse immédiatement au plus bas instinct : elle agit impersonnellement, comme une électricité opposée.

Ses manières affectées, parfois mignardes, sont familières et insinuantes. Elle ne vise ni le cœur, ni l'imagination. En la regardant on croit qu'elle va oser quelque obscénité.

Le front très court est plat ; il disparaît, si la mode veut qu'on ramène les cheveux.

Un peu courbé, gros, aux narines épaisses, le nez s'agite et se congestionne visiblement sous l'impression du désir.

Les yeux luisent étrangement avec une prunelle dilatée et un cristallin à reflets jaunâtres sous une paupière plissée, souvent clignotante, à battements très vifs. Même dans la jeunesse, l'arcade sourcilière se creuse avec une cernure d'un bistre accentué et qui noircit encore après la volupté.

Les sourcils touffus se joignent au-dessus du nez, d'où ils se haussent obliquement vers les tempes souvent creuses : indice de rancune.

Entre les lèvres entr'ouvertes, rouges et saillantes, elle darde sa langue incessamment ? La lèvre supérieure porte un duvet brun et l'inférieure affecte une grosseur disproportionnée.

Les cheveux luisent, comme s'ils étaient fortement pommadés ou huilés, avec des reflets roux. Grandes et molles, les oreilles sont laides, cartilagineuses ; le cou, fort et court, pose sur des épaules grasses et empâtées. Le bras lourd se termine par un poignet commun, les seins pendent, mous et volumineux.

La taille épaisse se résout en gros ventre d'un côté, en croupe hottentote de l'autre. La cuisse courte aboutit à un genou cagneux ; la cheville est pâteuse, le pied petit et plat.

Très courtes, les mains présentent des doigts lisses renflés à la base et pointus au bout.

La voix chevrote à l'ordinaire et change souvent de timbre, rauque dans la passion, fausse et affectée au discours coutumier.

Elle est née de nuit et ressemble à sa mère : enfant dodue elle a une croissance hâtive, criarde, impérieuse. Pour ses jeux, elle recherche les petits garçons et les pousse aux mauvais tours, à dérober les fruits et les friandises, à détruire et salir, comme plus tard elle poussera les hommes aux actes qui déshonorent. Elle invente des amusements où l'on s'embrasse, où l'on se cache, où l'on se touche.

Familière avec les domestiques, elle se crée des complaisances parmi les inférieurs et les laisse accuser pour ses propres méfaits. Elle casse ses jouets et les bonbons qu'elle ne mange pas, elle les jette au lieu de les donner. Ses cahiers sont sales et le désordre règne dans son pupitre. Sa mémoire est mauvaise : elle passe l'étude à arracher les ailes des mouches ou à faire des niches envers ses camarades ; envieuse elle aime à voir punir et pour cela elle devient délatrice. Sa curiosité malsaine la rend observatrice, elle devine les choses sexuelles, va se dépraver auprès des grandes élèves et revient contaminer les plus jeunes ; elle cherche les mots louches dans son dictionnaire et souvent découvre le vice, par le seul effet de sa nature, nativement lascive.

La période des vacances, chaque année, favorise sa précocité : elle provoque le petit cousin, sollicite la confidence du frère, écoute aux portes et découvre le roman défendu derrière les autres volumes. Sa coquetterie ne s'embarrasse pas d'idée de caste, le suffrage du jardinier, du passant l'intéresse. Sa famille se trompe ordinairement sur elle et ne prévoit pas le mauvais avenir.

Elle n'arrive pas pure au mariage et y apporte l'arrière-pensée de s'amuser le plus possible.

Or, les plaisirs de la mauvaise Vénus comportent surtout de la variété, c'est-à-dire du vice. Elle choisit son époux, moins pour l'aimer que pour pouvoir aimer, à son ombre. Elle n'attend pas l'occasion, elle la prévoit et s'y prépare. En vain, l'homme prodiguera sa tendresse et ses soins ; passionné et généreux, il n'évitera pas le fatal adultère, car l'être qui porte son nom ne cherche pas quelqu'un de meilleur, seulement quelque autre. Le seul remède à ce besoin d'impressions sans cesse renouvelées se trouve dans une mollesse extrême ; la Vénusienne manque d'activité et ne touche point à ce qui est difficile ou éloigné.

Encore, si elle limitait sa dépravation au péché sexuel et ne trahissait que la foi conjugale : mais, mauvaise conseillère, elle pousse aux indélicatesses. Par elle, l'honnête homme arrive à emprunter à la caisse du régiment ou du patron, une somme d'abord minime, puis considérable et insensiblement, sans avoir conçu le dessein du vol. Par Lucrezia del Fede, André del Sarte se trouve avoir dissipé l'argent que François Ier lui avait confié pour acheter des antiques.

Un autre type célèbre de la mauvaise Vénus est cette Emma Lyonna devenue Lady Hamilton, qui dominait Caroline de Naples et le fameux amiral Nelson, au même titre. Rien n'est aussi redoutable que le mal lorsqu'il se fait aimer et qu'il charme. Comment se défendre d'un ennemi qui nous enchante ? En désignant la mauvaise Vénus, comme la femme fatale, il ne faut pas la voir versant du poison ou tramant la mort d'Agamemnon, elle ne veut pas le mal pour lui-même ? elle le fait pour le profit qu'elle en tire. Son égoïsme impérieux n'hésite pas à sacrifier l'amant à une fantaisie injustifiable.

Sa religion ressemble à une superstition : elle croit au nombre treize, à la salière renversée, au pain retourné, au couvert mis en croix.

Bavarde autant que paresseuse, elle a un besoin irrésistible de raconter les menus faits de sa vie, avec un luxe de détails et de circonstances. Tout lui est événement et tout événement lui paraît drame.

Sa toilette présente un singulier mélange de soins et de négligence : elle se coiffe avec art, se chausse finement et néglige le reste. Toujours parfumée, et souvent mal lavée, elle met une robe fraîche sur un vieux jupon.

Son souci porte sur ce qu'on voit. Dès qu'elle peut, elle se débraille. Elle ne met son corset qu'au dernier moment et l'ôte sitôt qu'elle rentre. Sans pudeur devant ses domestiques mâles, elle se laisse voir en des négligés inconvenants, et le regard de concupiscence, qui se pose sur elle, l'amuse au lieu de la révulser. Son langage s'adapte aux circonstances, mais elle emploie le mot vif et gras et même canaille.

Elle rit aux expressions brutales, comme Madame Récamier, à l'exclamation du charretier.

Lorsqu'une pareille femme naît dans les hautes classes elle y joue un rôle dévastateur, contraignant son visage et son allure, et machinant avec perversité la satisfaction de ses sens exigeants, insatiables. La contrainte exaspère ses tendances au lieu de les enrayer. On voit alors les débauches d'une grande Catherine ou d'une Marguerite de Bourgogne. La mauvaise Vénus pullule à tous les coins de la vie ; elle remplit l'histoire de ses désordres. Aimant d'une puissance nonpareille, elle attire presque tous les hommes et il n'est pas de signe qui permette de la bien distinguer de sa sœur la bénéfique. On apprend à la connaître que par sa réputation ou ses propres actes. Aussi ne manque-t-elle pas, quand elle veut enjôler un homme, de lui raconter quelqu'une de ses fautes, sous de telles couleurs, qu'elle paraît plus intéressante encore. Sa grande habileté obtient l'absolution du passé, au moment où le désir presse l'homme et l'étourdit. Quel est celui qui sera arrêté par cette exclamation si flatteuse : « Je ne suis pas digne d'être aimée par un homme tel que vous ». Cet accent d'humilité, proféré à l'instant propice, purifie la femme et lui vaut indulgence plénière ; ses fautes deviennent celles de la destinée. Personne n'excelle ainsi à se faire valoir et surtout à se justifier. L'histoire des filets de Vulcain représente la puissance du mensonge venusiaque. Sans doute, la blanche déesse niait les adultères imputés, et le patron des Cyclopes ne trouva qu'un moyen de confondre l'épouse infidèle, ce fut de la livrer aux regards de l'Olympe, dans l'immobilité du plus parfait flagrant délit qui oncques ait été constaté. La plupart des contes grecs sur les amours de Kypris donnent les traits de la mauvaise influence planétaire et particulièrement son rôle passionné de protectrice et de partisane, même dans les aventures où son cœur ne joue aucun intérêt.

Elle trompe mais elle ne s'en va pas ; l'habitude fait durer les liaisons, même toutes illusions envolées. Dans cette catégorie se trouvent les vieilles maîtresses qui ne perdent jamais leur influence et chez qui l'ancien amant revient toujours.

Un phénomène se produit bien remarquable en psychologie : avec l'âge nous passons d'une influence planétaire à une autre.

Les astralités correspondent aux saisons de la vie. La jeunesse même des Saturniens a son instant vénusien et la vieillesse des Vénus ses heures saturniennes.

À l'âge critique, Vénus se modifie en Jupitérienne, devient dévote, donneuse de pain béni, et fréquente l'église avec ostentation, pour retrouver la considération perdue. Elle ne cesse pas, pour cela, de vouloir plaire, et si elle y réussit, d'en accepter les bénéfices. Mais son extériorité change et prend les formes de la femme serviable, protectrice, s'employant pour chacun et intriguant au profit des autres. En cet avatar, elle continue à écouter ses penchants, mais secrètement.

Elle n'aime encore que la société mâle et, à défaut de viveurs, s'entoure de prêtres, préférant les hauts dignitaires.

L'extrême coquetterie de ce type exprime son naturel qui consiste à plaire à tous et toujours. Tandis que la bonne Vénus ne rêve que d'un seul et lui réserve les mouvements de sa grâce, l'autre ne rêve de personne et prodigue à tous le même soin d'amabilité. Un Saturnien seul se défendra contre une attaque si douce ; les autres ne feront pas grise mine à ce sourire incarné qui cache des vues étroites et pratiques, sous une impudence charmante.

Plus voluptueuse que tendre, émotive plutôt que passionnée, viveuse et non amante, surtout égoïste, elle voit en chacun qui l'approche un intérêt, un plaisir, un passe-temps.

Il y a beaucoup de prétention dans le son de la voix et la gesticulation. Les toilettes habiles, suggestives, élégantes manquent de simplicité. Elle multiplie l'ornement mobile, la plume, la frange la pampille. Ses déshabillés comportent une profusion de rubans, de dentelles et de volants outrageusement parfumés.

On ne peut croire à la fidélité de cette femme égoïste et d'un sentiment réaliste ; elle trompera son mari avec son médecin ou même son jardinier : facile à entraîner, elle perd ceux qui lui dédient un amour véritable, en échange de son caprice. Elle n'a point d'honneur et ment avec la tranquillité de Ninon s'écriant : « Ah ! le bon billet qu'a La Châtre. »

L'intellectualité Lunarienne de la courtisane du grand siècle n'est pas son fait : esprit étroit, elle ne dépasse pas le cercle de ses besoins et de sa sensualité : c'est bien la Vénus vulgaire qui a la galanterie pour grand'œuvre !

Chirognomonie : main très molle, doigts lisses et pointus : paume fondante, petit doigt s'écartant des autres, pouce très mobile et se plaçant presque au centre de la paume, par habitude.

Chiromancie : mont de Vénus couvert de grilles et mont de la Lune rayé ; présence de l'anneau et de la voie lactée dans les deux mains ; ligne de Mars forte.

Graphologie : écriture petite, ramassée, banale, peu inclinée avec des angles aux finales : les mots indûment liés entre eux par des jambages parasitaires ; petites majuscules : paraphe épais et sans élégance : finales pâteuses et coulant vers le bas.

La Jupitérienne (bénéfique)

LA JUPITÉRIENNE (TYPE BÉNÉFIQUE)

En évoquant les femmes de la cour de Louis XIV, on a les plus beaux spécimens de cette influence. À une époque où il n'y a plus de courtisans, faute de cour, la Jupitérienne se montre comme la meilleure femme, pour un fonctionnaire, préfet ou administrateur, et quiconque remplit une dignité : car elle réunit les qualités de sérieux et d'élégance nécessaires à toute représentation ; type de dame d'honneur ou d'ambassadrice qui devient prétentieux et formaliste dans la bourgeoisie et affecté dans le peuple. C'est la femme du monde par excellence et la parfaite maîtresse de maison. Elle ressemble beaucoup à la Vénusienne, avec plus de hauteur et aussi de modération sentimentale. Elle s'estime infiniment, et elle a raison : son caractère d'âme tempérée en fait une excellente femme, régulière en ses mœurs, ferme en ses affections et digne de tenir le premier rang, malgré qu'elle manque de lyrisme et de passion. Car elle est belle et bonne aussi, sans les écarts et les faiblesses de Vénus.

Corpulente sans lourdeur, de taille moyenne et proportionnée, la Jupitérienne a grand air et en toute circonstance porte beau. Son aspect habituel est à la fois bienveillant et protecteur : l'orgueil ici ne s'exprime pas par le mépris : elle tient fort à son rang, mais elle admet que ce rang même l'oblige à être accueillante et bienfaisante. Elle montre un visage avenant, blanc et rose, et vous regarde de ses grands yeux gais à pupille ronde, à cils minces.

Le front élevé décrit une courbe noble ; le visage plein et un peu large s'apparente à la forme carrée. L'œil est saillant, bien ouvert et humide avec une prunelle bleue : le regard exprime l'assurance et la fermeté sans rudesse. Il y a un espace notable entre les sourcils et les yeux. Le nez droit et charnu à narines épaisses, a une forme élégante. La bouche bien dessinée reste fermée, et la lèvre supérieure déborde l'inférieure vermeille et arrondie. Un menton large achève cette noble physionomie aux joues fermes, au teint vermeil.

Les cheveux châtains ont des reflets dorés ; ils frisent ou bouclent, très souples. Le cou, veiné et fort, surmonte une poitrine large à gorge haute et ferme ; les hanches montent moins haut que chez la Vénusienne et la ligne des jambes n'ondule pas. ; le dos est gras, la peau très fine et transparente, rosée, les bras amples et un peu courts.

Parfois l'âge amène la calvitie et, presque toujours, l'obésité ; l'haleine de ce type est remarquablement pure et, autre signe particulier, elle a horreur de la chaleur climatérique, transpire du front abondamment, et surtout à l'époque du double menton et du ventre.

Les deux dents de devant, en haut, sont longues et les oreilles adhèrent à la tête.

Tel, le signalement de la joviale : ce dernier mot, appartenant à la langue courante, et synonyme de belle humeur, manifeste la prestance et le rayonnement de cette planète essentiellement aristocratique, pleine de dignité et qui mérite de commander aux autres parce qu'elle se commande à soi-même.

Elle a visiblement reçu de la Providence les facultés propres à guider autrui, à donner l'exemple et à conserver les traditions et les règles.

La Jupitérienne est la plus raisonnable des femmes, la moins soumise aux nerfs et aux petitesses, très maîtresse de ses passions et gardant les bienséances ; type parfait de sociabilité et de vertus mondaines. Elle redoute le scandale et a grande crainte de l'opinion. L'idée même qu'elle conçoit de sa dignité, la modère dans ses humeurs qui, facilement, deviendraient vives.

Ambitieuse par vocation, elle n'éprouve pas de difficultés à s'élever jusqu'à une situation enviable ; une chance singulière, et qui ne se dément pas, la mène à ses fins. Les gens haut placés exercent sur elle une attraction vive : elle voit dans un préfet « le premier magistrat du département » et toute forme d'autorité la trouve respectueuse. Elle se sent destinée à exercer autour d'elle une délégation de pouvoir moral et même politique.

Petite, elle a déjà le sens des bienséances et marque de la déférence aux uns et du commandement aux autres sans familiarité avec les inférieurs, observant les mêmes nuances que ses parents envers les visiteurs. Elle est gaie et frappe des mains, sans tapage.

Son rire franc et clair ne fait pas de vacarme : rien ne l'amène à violer les convenances ; elle les observe par une sorte d'instinct. Docile aux enseignements, attentive aux reproches et désireuse de les éviter, elle donne beaucoup de satisfaction à sa famille et passe, d'année en année, pour la fille accomplie, selon son âge.

Elle se marie ou se laisse marier, sans vive attraction, mais toujours à un homme qui a déjà, ou promet d'avoir une situation officielle. Elle épouse cette situation présente ou prochaine, avec zèle : on dirait que la carrière de l'époux est la sienne propre, tellement elle s'applique à l'assurer. Dans le petit monde elle dira, avouant ainsi, la part passionnée prise aux intérêts conjugaux : « on va nous décorer ; ou nous a nommés ». Si le mari est écrivain, elle le mène à l'Académie, et n'économise rien, pas même sa vertu. Les honneurs valent bien son honneur, elle le juge ainsi du moins. Son adultère est encore une contribution au foyer et un acte de dévouement. Les enfants lui inspirent la même abnégation et elle devient fort coupable sans avoir fait autre chose, en son cœur, que les affaires de la communauté. Dans les monarchies, cette femme ne se refuse jamais au roi parce que c'est le roi. Sauf pour le lit que surplombe la couronne fermée, la Jupitérienne fait de ses faux pas, des pas de sept lieues dans la voie du succès et et ne s'embarrasse pas d'une liaison.

Elle se donne une fois, dans un but prévu et actuel ; pour le surplus, elle préfère la fidélité, comme conforme à l'enseignement reçu et à sa propre estime.

Car le devoir n'est point un mot vide pour la joviale : sa parole vaut ; le point d'honneur existe en son esprit. Sans fiel, pardonnant aisément, d'une âme magnanime et d'une main prodigue elle fait le bien et apporte, dans le rayon de son influence, autant de miséricorde que de justice, de bénignité que de rectitude. Bonne amie, elle aide, protège et n'abandonne point ses clients.

Son caractère comporte un heureux mélange de gravité et de joie honnête. Optimiste, elle ne s'embarrasse pas de méfiance et de détours ; confiante en son étoile, les revers ne l'affectent pas longtemps, elle réagit vite contre l'infortune, et, en fait, la chance lui revient toujours, car nulle ne sait se concilier aussi bien l'opinion, imposant le respect aux uns et inspirant aux autres la sympathie.

Malgré ses vertus domestiques très réelles, sa vie se joue, extérieurement, sur le plan des honneurs et des fonctions : on ne pourrait pas lui imposer l'existence médiocre mais amoureuse dont s'accommode si bien la Vénusienne. Son besoin d'expansion ne se satisferait pas au tête à tête : il faut un champ plus étendu à cette activité et qu'elle ait, à la fois, des gens au-dessus d'elle à respecter et d'autres à régenter et à protéger. Son orgueil très humain, charitable, ne s'affirme pas en humiliant ; elle met beaucoup de conscience dans la préséance qu'elle s'attribue et s'applique à être juste et bonne, sans parti pris d'avance, ni fantaisie.

Elle aime le luxe, mais encore plus le confortable et aménage son habitation avec entente de la commodité.

Aucune ne reçoit aussi bien et aussi volontiers, mais seulement les gens de haut emploi, officiels et décorés.

Elle fait grandement les choses, dépense au-delà de ses revenus, étale son luxe en un nombreux domestique et de beaux attelages, mais en même temps descend à l'office, vérifie les comptes et maintient la bonne administration.

Ruinée ou sans fortune, la Jupitérienne sait se faire inviter et jouit des voitures, des loges, des châteaux des autres.

Gourmande, étudiant l'art culinaire, conférant avec son maître d'hôtel, elle est grande mangeuse et boit bien. À table elle parle haut, raconte des histoires, tient le dé de conversation et paraît la maîtresse de la maison, même hors de chez elle, sans cependant choquer les convenances qu'elle n'oublie jamais. Elle suit la mode dans ce qu'elle a de pompeux et de brillant et préfère la chose riche à toute autre.

La Jupitérienne est mieux portante en hiver qu'en été où elle sue, la face congestionnée. Elle est exposée aux vertiges et plus tard à la goutte et à l'apoplexie. Souvent elle saigne du nez et prend facilement des pleurésies.

Elle a deux voix pour ainsi dire, l'une qui rit, voix d'intimité et des moments d'abandon ; l'autre officielle et contrainte, quand elle croit que sa dignité l'exige ainsi.

Femme du monde, comme la Vénusienne est femme d'amour, il ne faut pas l'envisager au seul point de vue intime sous peine d'injustice : car ses facultés majeures, la portent vers la sociabilité et quoique assez bonne et appliquée à son foyer, elle n'y montre pas son vrai rayonnement. Douée pour les rapports du monde, elle s'attristerait dans l'isolement. Elle a besoin de recevoir des invités et d'aller en visites. Sa foi régulière et pratiquante n'est pas du mysticisme et son imagination ne donne essor à aucune rêverie. Ses impressions dépendent toutes du sentiment de la hiérarchie. Jadis, un duc n'était jamais pour elle un vieil homme. Elle recherche la compagnie des prélats et des évêques, avide de bénédictions comme de distinctions.

Elle préside les œuvres dont elle fait partie et pour le plus grand bien d'icelles, car elle a le don administratif et réussit tout ce qu'elle entreprend : ventes de charité, fondations et quêtes.

Elle collectionne les anciennes chasubles, les étoffes de Venise et les médailles. S'il y a eu des croix de Saint-Louis dans sa famille, elle les met en évidence dans son salon.

Riche, elle a des volières : sa prédilection pour les oiseaux est proverbiale.

Ses cheveux blanchissent très tôt, mais son visage se conserve longtemps frais et sans ride. À cinquante ans elle plaît encore, et son grand tact, ses belles manières, le soin de sa personne rendent sa vieillesse aimable. Heureuse en mariage, elle l'est aussi en héritages et en reçoit que le sang ne lui destinait pas.

Pour un jeune homme qui débute dans le monde, il n'y a pas de meilleur Mentor que la Jupitérienne : elle enseigne à réussir sans corrompre, par des maximes qui ne sont point scélérates, mais de rigueur expérimentale.

Femme ou maîtresse d'ambitieux, elle apporte la chance avec elle, et, en dehors même de son bonheur planétaire et presque fatal, elle tire le meilleur parti des situations par sa modération même et le caractère tempéré de ses passions.

Les deux tiers des hommes en place sont Jupitériens et logiquement, car ils sont des âmes modérées très propres à régir, à juger équitablement.

Léon X, né sous cette influence astrale, ne fit jamais un excès de table. Cette possession de soi-même qui ne se dément pas, constitue une véritable vocation aux grands rôles sociaux où la première règle veut qu'on se gouverne soi-même.

Régente, tutrice aux cas de responsabilité et d'initiative, la Jupitérienne se trouve à la hauteur de la tâche, elle est même parfaite éducatrice et madame de Maintenon l'a montré.

La Joviale déteste Mars et ne le supporte que s'il a un haut grade et beaucoup de décorations ; car elle est pacifique. Elle ne s'entend pas avec Saturne toujours idéologue, fanatique, sombre et misanthrope. Les idées d'ordre, de hiérarchie, de convenances, le respect de l'opinion et de la légalité sont des traits toujours plus accusés chez un homme que chez une femme. Le « sois considérée » de Beaumarchais représente le grand commandement ; car elle supporte tout, sauf l'humiliation. Son rôle dans la civilisation a une importance considérable ; même en démocratie, elle représente l'âme moyenne avec de l'énergie. Les verdicts de la conscience générale, elle les rend avec un grand sens de ce qui est nécessaire à l'équilibre ; les mœurs lui doivent la tenue qu'elles conservent, car Vénus ne songe qu'à son amour ou à ses amours, et la Lune ne s'occupe pas de morale, indifférente à tout ce qui ne concorde pas à son rêve individualiste. La Solarienne, certes, pourrait suppléer à la Jupitérienne, mais elle ne possède pas sa faculté de réalisation et la même aisance sur le terrain de la pratique. Une grande idée passe par trois cerveaux avant de se concrétiser. Saturne la conçoit dans l'abstraction, le Soleil l'échauffe, la colore, la formule, et Jupiter la met en œuvre, mais en la modifiant jusqu'à son point de possibilité. Saturne c'est l'idée ; Apollon la forme ; et Jupiter l'application ; Mercure viendra ensuite adapter.

La Jupitérienne est tolérante et cette seule qualité suffirait à lui attribuer le pouvoir qu'elle souhaite.

Louis XIV et Joseph Prudhomme figurent la même planète en deux formules, l'une royale et grandiose, l'autre bourgeoise et cocasse. De même, les femmes de la cour du grand Roi sont identiques en astralité à telle bourgeoise bien-pensante, que chacun fréquente ou connaît.

La différence d'époque, d'éducation et de milieu rend méconnaissables des êtres très semblables.

Qui croira tout d'abord que telle sainte relève de Vénus, comme telle héroïne de roman, s'il ne réfléchit que l'on classe les individus selon leurs facultés et non sur la direction qu'elles prennent.

Qui découvrira, à moins de réflexion, dans le Tannhauser du Venusberg, le pénitent du dénouement, et sous les traits de la Kundry, du second acte, la rédemptée de la fin.

Marie-Madeleine était possédée des sept péchés quand elle rencontra Jésus.

Nous dépendons grandement des rencontres. Combien d'êtres vivent et meurent sans avoir fait ni le bien, ni le mal qu'ils portaient en eux.

L'observation se basant sur les potentialités suit la méthode scientifique.

Ce qui désigne un corps en physique, ce n'est pas l'événement, c'est-à-dire le mouvement qui lui advient d'un autre corps, mais sa propriété intrinsèque : ainsi des hommes.

La Jupitérienne peut végéter dans une coterie et n'influer que sur un petit groupe de relations. Elle n'en porte pas moins en elle, la faculté rectrice et administrative au plus haut point. La fortune lui est presque toujours favorable, car ses passions, sauf l'ambition, sont tempérées et elle régit ses amours et les administre au lieu de s'y abandonner. Ainsi elle échappe aux conséquences ordinaires de l'amour et ceux qui l'aiment, bénéficient de sa rationnelle prudence. Avec elle, on ne se perd point et la chance accompagne presque toujours sa vie, jusqu'à la fin.

Chirognomonie : doigts carrés, larges à la base, quelquefois longs et, alors, indiquant la paresse et le sensualisme ; première phalange du pouce longue, paume élastique au toucher.

Chiromancie : mont de Jupiter proéminent et rayé et débordant sur Saturne.

Graphologie : grande écriture large, très espacée avec des marges, très lisible, majuscules étalées : barre en demi-cercle, finales remontantes ; ponctuation précise ; point de paraphe.

La Jupitérienne (maléfique)

LA JUPITÉRIENNE
(TYPE MALÉFIQUE)

Lorsque la vie présente des contradictions très fortes à un caractère, il se corrompt et verse dans le mal pour y trouver un moyen de se satisfaire. L'ambitieux qui ne réussit pas, le jouisseur demeuré dans la pénurie, s'exaspèrent et emploient les pires intrigues. La Jupitérienne veut briller à tout prix et occuper une situation prépondérante : elle demande alors le succès à la superstition, à l'intrigue et même au crime. Pour devenir favorite ou le rester, elle commettra les mille noirceurs de Madame de Montespan.

À un moindre échelon social, son ambition s'acharne à améliorer la position de l'époux, à assurer l'avenir des enfants ou encore à s'atteler à la destinée de l'amant. Elle ne se résigne jamais à la médiocrité, ni pour elle, ni pour ceux qu'elle aime. Réussir est sa devise, et, chose remarquable, le succès obtenu, ce qu'elle a employé de pervers disparaît : parvenue par les pires agissements, elle use avec honnêteté du résultat.

La mauvaise influence de Jupiter alourdit le corps et donne l'allure hautaine et un peu brusque. C'est toujours le même air protecteur mais plus dédaigneux. Elle renverse la tête en marchant et se cambre, frappant la terre d'un pas prétentieux ; ses yeux, sans être méchants, cherchent à faire baisser les vôtres.

La courbe du front, accentuée par l'effet des cheveux plantés très haut, donne au visage carré une expression d'orgueil qui déborde.

Le nez reproduit la courbe du front et, cependant, il exprime l'étourderie et annonce des mouvements impressifs, car il s'écourte au bout, brusquement. L'œil rond, et dans la colère paraissant hors de la tête, a la prunelle grise, parfois d'acier.

Les coins de la bouche se retroussent en haut, les dents ne sont pas belles et le menton, carré et double, a quelque chose d'impérieux et de dur. Le teint est blanc, uni, mais sans fraîcheur. Les cheveux plats ou mal plantés, tombent prématurément et l'obésité commence parfois, dès la vingtième année.

Mélange de prétentions et d'habitudes basses, ce type renferme beaucoup de déclassées.

La gorge volumineuse incline de chaque côté vers le bras qui est court et charnu ; les hanches sont fortes mais sans souplesse et la ligne de la jambe peu élégante se renfle en mollet lourd.

Moralement, ce type présente une conception singulière de lui-même ; les honneurs, les succès, les postes lui sont dus.

Elle croit y avoir droit, et si elle ne les obtient pas, crie à l'injustice avec conviction. Pour consoler sa vanité blessée, la Jupitérienne maléfique se plonge dans le sensualisme et recherche pour compagnons de plaisir les gens titrés ou en place. Parasite quand elle est pauvre, elle a toutes les complaisances qui lui permettent de jouir du luxe d'autrui, devient confidente là où elle ne peut davantage et s'abaisse encore au rôle d'intermédiaire. D'humeur amusante, elle excelle à distraire, avec un entrain agréable et vif elle en raconte « de bien bonnes », qu'elle invente souvent. Dans le petit commerce, elle ira jusqu'à des calembourgs, et égayera une noce par des gaillardises. L'absence de sens moral apparaît ici, complètement. Plutôt que de se résigner à la vie morne sans mouvement ni prestige, elle commettra tranquillement des horreurs, intrigante plus que galante.

Malheur à l'époux qui ne peut suffire à ses besoins d'ostentation et d'amusements, il sera trompé pour une partie de plaisir, pour une invitation, pour un bon dîner ou un coupon de loge. La circonstance d'amour-propre ou de fête agit avec une promptitude déconcertante sur cet être sans scrupule. Si le mari occupe une situation où l'on puisse trafiquer de quelque chose, de l'arrêt de justice, de l'adjudication et du ruban ou de la recommandation, elle n'hésite pas à en tirer le parti possible, sans souci de déshonorer celui dont elle porte le nom. Tel magistrat intègre par lui-même, se voit amené, inconsciemment, à des injustices sous l'influence de sa femme, Jupitérienne maléfique. On ne se méfie pas d'elle, parce que son application au plaisir la montre jouisseuse et sans arrière-pensée. Sous le masque de l'insouciance et de la griserie mondaine, il y a une perverse qui machine d'imprévus événements.

L'homme malhonnête et sans préjugé trouve en elle un auxiliaire précieux et le plus dévoué complice ; elle comprend les affaires, s'entend au commerce et même aux spéculations. Son désir de jouir de la vie la rend active, persévérante, appliquée : rien ne lasse son mouvement ascendant ; mais elle morcelle son effort en petites vanités et oublie un grand projet, pour une satisfaction immédiate. Elle excelle à vanter une entreprise et persuade aisément. On la rencontre dans les conspirations et les intrigues de cour et, mondainement, dans le rayon des brasseurs d'affaires.

Aucun des sentiments familiaux ne lui tient à coeur, sauf sous l'espèce de vanité ; elle n'aime guère ses enfants, mais par amour propre, les pousse et les case. Au reste, elle patronne par ostentation et se donnera grand mal pour obtenir une faveur qui lui vaudra du prestige parmi les paysans de sa terre.

Extrêmement peureuse, craignant la foudre, les voleurs, les accidents et, surtout, l'idée de la mort qui l'épouvante et la précipite momentanément dans des pratiques dévotieuses, elle cache bien cette pusillanimité.

L'animal contrarié dans son instinct devient méchant et l'homme qui ne trouve pas l'emploi de ses facultés se change en facteur de désordre. Aussi la Jupitérienne, destinée à la préséance sociale et à la vie officielle, devient artificieuse et perverse, dès que le sort l'écarte de ses prétentions. Sa vanité cherche à se satisfaire par des moyens détournés : et si la gêne la presse, elle songera à capter des héritages, comme d'autres conçoivent une affaire de spéculation. Elle tire parti du plus petit degré de parenté, et s'en découvre de fictifs, avec un art de généalogiste ; puis se dévoue à charmer les dernières années des oncles et à supporter leurs manies, mais elle est incapable de hâter leur mort qu'elle désire, soignant avec conscience.

La Jupitérienne maléfique offre un singulier tableau : lorsque l'âge et l'insuccès la condamnent à chercher sa gloriole aux plus mesquines préséances et à satisfaire son besoin de primauté dans un cadre dérisoire, alors sa méchanceté égale celle des vieilles filles Saturniennes et elle se montre pareillement vindicative.

Cependant, l'occasion, pour elle, a plus d'une mèche qui peut être saisie ; elle passe et repasse dans cette vie, mais la Jupitérienne, par faux discernement, s'en aperçoit trop tard et s'exaspère.

Quelle que soit la fortune, faste ou néfaste, elle regarde l'homme selon son rang social et elle ne le trompera jamais pour un inférieur.

Mais le supérieur de son mari a je ne sais quel vague droit, et si elle se défend, elle y met beaucoup de modération et d'égards. L'expression provinciale « les femmes des autorités » semble dictée par elle ; il lui faut une part de pouvoir, un prétexte d'importance ; elle l'obtiendra par mille intrigues, car elle n'a pas le courage de sa sœur bénéfique et devient souvent perfide, par lâcheté.

Le Jupitérien est chauve de bonne heure, la Jupitérienne blanchit seulement et bedonne. L'embonpoint est, du reste, le vrai péril que court sa beauté : la femme de Rubens, si en chair qu'elle paraît en viande, relève de cette astralité, avec une adjonction lunaire.

Elle atteint parfois cette rotondité levantine où la gorge a l'ampleur d'une croupe, où le gras du bras égale presque une cuisse.

Accordant une grande importance au don d'elle-même elle ne cède jamais par veulerie, comme la Lunarienne ou par vertige comme la Vénusienne ; elle fixe le jour, le moment, la circonstance et y met la pompe qu'elle peut. Ce souci n'est pas indifférent : elle frappe ainsi l'imagination de son amant et la surexcite. Sa seule conversation, dans l'intimité consiste à vanter ce qu'elle aurait fait, si le destin le lui avait permis : elle fomente la vanité et l'ambition des autres, pour trouver un écho à ses rancœurs, réveille les vanités, attire autour d'elle les désirs de richesse et de succès et finit par éblouir, en indiquant une marche à suivre d'une issue certaine.

Nul n'échappe à ce souffle d'ambition qui veut enflammer les autres du même feu qui la ronge ; elle se modèle sur la faculté de chacun, et ainsi énerve, trouble et entraîne le politicien, l'industriel et l'artiste, avec la secrète pensée de les faire servir à son propre succès.

Jamais la Jupitérienne ne se résigne à l'obscurité et à la médiocrité ; elle agit ou du moins s'agite jusqu'à la fin, et, la veille de sa mort, elle complotait encore quelque entreprise. Femme dangereuse, entremetteuse maniaque, entre l'ambition et l'insuccès, elle rassemble les convoitises déçues les mène en troupeau aux plus définitives défaites. Son mari, ni son amant n'auront de paix qu'ils n'aient réussi et les moyens qu'elle emploie deviennent noirs dans la mesure même de sa passion ; elle représente une Euménide intime que rien ne désarme, qui joue la paix de son intérêt pour obtenir quelque satisfaction du monde.

Chirognomonie : doigts longs et lisses, très larges du bas, avec nœuds apparents, main dure : ongles bombés mais courts, qui cassent facilement.

Chiromancie : Mont de Jupiter fort, coulant sur Saturne et rayé de plusieurs parallèles ; tranchants de la main épais.

Graphologie : écriture inclinée et par instant grossissante, ni ronde ni anguleuse ; majuscules allongées, crochets rentrants ; pas de barres, paraphe ascendant mais agité et sans élégance.

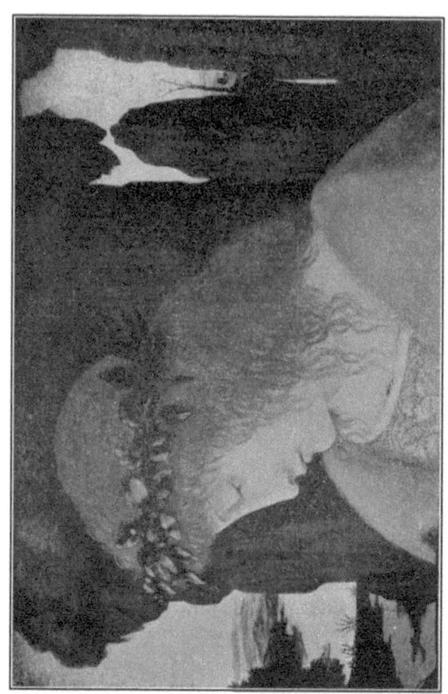

La Solarienne (bénéfique)

LA SOLARIENNE (TYPE BÉNÉFIQUE)

Une femme qui aurait la raison d'un homme et sa pondération de jugement est celle-là, unissant le charme et la poésie à la possession de soi et à un esprit de douce justice. Ce n'est pas ce que l'amour demande ! Ces belles qualités facilement méconnues ne servent qu'au malheur de celle qui les possède.

L'orgueil que donne le Soleil est intérieur et ne sollicite pas l'assentiment d'autrui ; cette faculté de se replier blesse la loi même de l'amour, qui est le besoin de complément. Aussi la Solarienne, belle et bonne, ne rencontre pas le bonheur intime : sa supériorité décourage la tendresse. Il semble qu'on ne peut rien donner à cet être si complet et qui fait de la lumière partout il passe. Jeanne-d'Arc, la Sainte française, la salvatrice radieuse, morte à dix-neuf ans par le feu, représente le type idéal de cette signature astrale, qu'on trouve rarement complète.

La Solarienne a une noblesse simple, différente de celle qui vient de Jupiter, car elle naît des facultés et non des fonctions. On sent que le suffrage de l'opinion ne l'inquiète pas et que rien ne modifiera le jugement qu'elle porte sur elle. C'est le plus haut degré de la personnalité consciente.

Ses traits nobles, calmes et réfléchis ne sont ni tristes ni riants, mais graves et sereins.

Le front saillant et arqué n'a pas de rides et porte des sourcils bien tracés.

Les yeux, souvent jaune sombre et pailletés de points brillants, reflètent des pensées lointaines mais généreuses et désintéressées. De longs cils ourlent la paupière mince qu'on ne voit pas battre, d'où résulte une fixité extrêmement lumineuse et qui agit comme une force.

Aquilin et pur de contour, sans épaisseur, le nez a un accent de grande race.

La lèvre supérieure dépasse l'inférieure comme chez la Jupitérienne ; le menton s'arrondit sans fossette et termine l'ovale du visage, coloré en jaune très clair et rosé.

Les cheveux, dorés, souples et fins, frisent en vrillettes sur le cou qui est remarquablement long.

Sa taille moyenne présente les meilleures proportions ; le sein est petit, ferme, très net de contour et presque sans bout ; les bras longs affectent une certaine minceur. Les reins se cambrent sans que les hanches soient fortes. La jambe a le plus beau galbe. Toutes les attaches sont fines. Au reste la Solarienne ressemble surtout à Apollon et, dans la jeunesse, passerait pour un très beau jeune homme, un peu féminin.

La voix harmonieuse et pénétrante a de la solennité sans emphase. Les superficiels attribuent à tort à la Solarienne une volonté de pose et une recherche d'effets.

Dans l'intimité et la solitude, elle continue la gesticulation sobre et fière. C'est la nature de l'âme qui s'extériorise par cette habitude des mouvements nobles, contenus, et qui étonnent par leur permanence. La Jupitérienne, souvent gaie, joue et plaisante ; la Solarienne ne rit jamais. Elle sourit par bienveillance et pour être polie. Cependant elle n'a rien de sombre en son cœur et ne ressemble nullement à la Saturnienne. La réserve manifeste ici la concentration et la maîtrise de soi-même. Son orgueil lui impose cette belle contrainte.

Âme pieuse, pratiquante, même dévote, elle respecte, comme la Jupitérienne, les traditions, la hiérarchie et les coutumes, mais n'accepte pas l'idée courante, ni les verdicts de l'opinion : elle aime les dignités et voudrait parvenir sans aucune des concessions que l'ambition comporte.

La Solarienne aime le roi ou le dauphin ou l'homme de génie, et comme elle n'a ni souplesse, ni intrigue, ni patience, cet amour reste inexprimé. Si son choix se modère et se place plus bas, elle est malheureuse. On ne comprend pas ses grands sentiments et sa magnanimité. Son destin est d'être méconnue, au moins dans la première moitié de sa vie, et si elle parvient au bonheur, elle le perd par une catastrophe.

L'intelligence de ce type est admirable et ressemble à celle d'un homme supérieur d'une puissance synthétique. Elle ne se borne pas à la poésie et à la musique comme la Lunarienne, à l'éloquence et à la causerie comme la Jupitérienne, elle embrasse l'activité cérébrale. La Solarienne comprend tout et juge bien, qu'il s'agisse d'une fugue, d'une fresque, d'un monument ou d'une tragédie. D'ordinaire, elle ne cultive aucun art d'agrément et elle touche de l'harmonium ou de l'orgue, plutôt que du piano.

Simple et modeste en son privé, elle s'habille avec luxe pour le monde.

Elle supporte l'infortune et les revers avec une rare constance, car elle espère à la fois dans la Providence et en elle-même.

Bonne amie, fidèle même dans le malheur, elle fait beaucoup d'ingrats et beaucoup d'envieux que sa sérénité irrite.

Il va sans dire que les dorures et les bijoux sont de son goût et qu'elle accommode les lieux qu'elle habite, et surtout ceux où elle reçoit, à cette dilection de l'éclat métallique et brillant.

Sobre, peu sensuelle, fuyant l'excès, ne donnant aux nécessités corporelles que le nécessaire, elle met cependant de la recherche dans sa toilette et s'écarte de la mode. Sa pierre préférée est le rubis.

Cette femme présente les plus belles garanties. Sa grande justesse de raisonnement lui permet de reconnaître ce qu'on fait pour elle ; elle ne se trompe guère sur les mérites d'un homme. Mais elle ne saurait aimer l'être obscur et sans nimbe. La gloire advenue ou prochaine est comme un signe de caste que ce type-là n'oublie jamais. Or, il est de son destin d'inspirer de violentes passions à des humbles et de les dédaigner, tandis qu'elle éprouve de l'amour pour des puissants qui l'ignorent. Aussi la Solarienne n'a-t-elle d'autre chance de bonheur que la renommée : privée d'éclat, elle n'atteint jamais ce qu'elle souhaite et reste solitaire sans se plaindre et sans cesser cette grande estime de soi qui constitue sa force et la console de l'aveuglement humain.

Elle méprise les coteries et refuse d'en faire partie ; sa dignité l'isole de ceux qui l'aideraient, comme aussi de ceux qui l'aimeraient. Elle dédaigne les petits succès et les petites gens et méconnaît l'importance des détails et de leur enchaînement.

Elle n'a jamais les préjugés de son pays et de son éducation, juge d'une façon abstraite et voit bien les défauts de son milieu : elle en convient sans effort.

Autre supériorité, la Solarienne montre un goût sûr ; riche, elle emploie bien son argent, n'achète que de bons tableaux et n'invite que des gens de quelque valeur.

D'une politesse qui ne se dément pas, mais qui tient à distance, elle n'a pas d'indulgence pour l'indélicatesse et le mensonge, et dit facilement leur fait aux malhonnêtes.

Quand il faudrait mentir, elle se tait et ne flatte jamais, pas même son amant.

Cette rectitude de jugement, que l'intimité même amoureuse n'arrête pas, lui aliène le cœur qu'elle convoite. Incapable de complicité et de corruption, elle s'acquitte religieusement du mandat confié.

C'est une femme de devoir, attentive à sa réputation et aux bienséances. Elle n'aura que des amants célèbres et s'efforcera de les posséder par l'imagination et le coeur, plutôt que par les sens, trouvant ce dernier lien inférieur et peu digne d'elle. Aussi, tout en l'honorant, ceux qu'elle aime la trompent et vont demander en bas-lieu les satisfactions charnelles !

La laideur lui répugne : elle ne la souffre pas autour d'elle, même sous forme de domestiques ; un beau visage la dispose bien et la rend indulgente. Sa pénétration psychologique fort développée lui révèle les imperfections d'autrui, elle prévoit les infidélités et les subit sans reproche. Aussi souffre-t-elle toujours quand elle aime. Généreuse, elle fera de grands sacrifices pour un ami, sans croire à sa reconnaissance. Elle obéit, en tout, à un idéal d'elle-même qu'elle a poétiquement conçu. Même si la fortune est adverse, elle sera toujours connue et citée dans un certain rayon :

On se préoccupe de ce qu'elle pense ; elle compte même pour ceux qui ne l'aiment pas.

Une singulière clairvoyance lui donne de l'autorité en matière politique : elle pressent les révolutions et les grands changements, sans toutefois en profiter : elle prophétise aussi l'avenir de certains hommes et ne se trompe pas. Enfin elle voit clair sauf, en elle, et ne s'explique pas ses infortunes qui sont, comme ses fortunes, éclatantes.

Il n'est pas rare que, sortie du peuple, elle s'élève jusqu'au tabouret de la duchesse, ni qu'elle descende de la vie princière jusqu'à la misère. Avec elle, la destinée ne semble jamais avoir dit son dernier mot ; on ne sait pas, si tombée, elle ne va pas reconquérir une position supérieure ou bien si sa chance ne s'effondrera pas. Sa vie présente de grands coups de lumière et d'ombre et ne se tient pas dans la formule moyenne. Merveilleuse compagne pour un homme d'état et un diplomate, elle ne s'accommoderait pas d'une existence bourgeoise sans horizon. Il faut qu'elle puisse espérer ce qu'elle estime son droit légitime : dominer et briller.

Sa domination, quand elle s'établit, est un bienfait véritable ; elle se manifeste par une fermeté sage, une réflexion prudente et surtout un sentiment noble des droits et des besoins d'autrui. La Solarienne se dévoue par orgueil, presque par système.

L'opinion qu'elle a de soi lui importe beaucoup plus que celle des autres : il faut qu'elle s'admire ; à son propre suffrage elle sacrifie tout.

Sa fierté est intérieure ; elle naît d'une conception idéale, véritable poème de personnalité qu'elle écrit par les actes de sa vie, d'une manière continue, sans défaillance.

Son amour naît d'une cause noble, admiration ou dévouement : nul ne lui plaît sans mérite ; mais les défaillances qui surviennent ne la détachent pas et elle continue à aimer l'être devenu indigne, par respect de son propre sentiment. Cette idéalité qui l'emporte sur les autres considérations échappe à la vue du monde ; et là où la Solarienne est héroïque et parfaitement consciente, on la croit faible et trompée. Or, l'autre caractère de cette astralité réside en une vision lucide de la valeur spirituelle et morale. On ne la trompe pas. Elle veut expier son erreur, en la subissant tout entière. Celui qui a bénéficié d'une telle magnanimité ne pardonne pas sa propre infériorité et, humilié, s'en va. La Solarienne perd son amant et ses amis, ainsi.

Mais son action sur l'entourage est vive : on la respecte, on l'admire. Son souvenir demeure, longtemps après sa mort, comme sacré, dans la mémoire de ceux qui l'ont connue.

C'est la femme que devraient rechercher et adorer le poète, l'artiste et le penseur, car elle les comprendrait, et, harmonieuse et fidèle, les aiderait de sa tendresse subtile dans l'œuvre et dans la vie ; mais quel est celui qui songe à choisir autrement que par un froid calcul d'intérêt ou un obscur vertige des sens ?

Chirognomonie : La paume et les doigts d'une égale longueur, nœuds développés, doigts mixtes et lisses, contact ferme et souple, couleur ambrée.

Chiromancie : Mont du Soleil étoilé ; la Saturnienne aboutit à sa base, sans y monter.

Graphologie : La plus belle des écritures, ressemble à du dessin, comme celle de Raphaël : grande, noble, nette, horizontale et harmonieuse ; point de paraphe.

La Solarienne (maléfique)

LA SOLARIENNE
(TYPE MALÉFIQUE)

Ce sont les résignés qui donnent la paix à la terre : en acceptant la fatalité, en acquiesçant au verdict de la destinée, ils font acte d'harmonie. Au contraire, ceux qui se révoltent contre l'injustice des hommes et des temps, augmentent le désordre et dérangent les mœurs.

L'influence maléfique du soleil donne la soif des honneurs sans les mérites, l'amour de la gloire sans le génie, l'orgueil sans les œuvres, l'ambition sans capacité. L'incomprise, sous l'influence de la Lune, se retire à l'écart et continue à rêver : actionnée par le Soleil, elle s'agite, elle intrigue et demande aux machinations ce qu'elle n'obtient pas de ses efforts ; et cette volonté de parvenir quand même prend une brutalité inhumaine et dévorante, et ne considère ni le juste, ni l'injuste : elle marche à son but brillant et confus, en piétinant les cœurs, au mépris du devoir et de la charité. Malheur à celui qui représente le succès pour une Solarienne maléfique, elle le desséchera au feu de son ambition.

Ce qui frappe à l'aspect de la mauvaise Solarienne, c'est la prétention excessive de produire une impression vive ou profonde.

Elle pontifie et ne perd pas un pouce de sa petite taille. Elle louche souvent ; toujours sa vue est faible et la lumière vive la force à cligner les yeux.

Les traits sont élégants, mais sans ampleur. Le front en coupole a des rides horizontales ; les sourcils courts semblent raccourcis vers les tempes ; l'œil a un reflet rouge et réverbère la préoccupation inquiète et fiévreuse de l'opinion. Le cil est court et la paupière filigranée de vaisseaux violets.

Le nez net, mais sans autorité, semble celui d'une enfant, trop petit proportionnellement aux autres traits.

La lèvre supérieure cache presque l'inférieure, car la mauvaise signature d'une planète exagère toujours ses marques ; le menton s'avance entêté et détruit, en l'élargissant, l'ovale de la tête. La peau présente un ton orangé sombre avec des indices de couperose.

Les cheveux, franchement blonds, sont crêpelés.

Elle a l'épaule tombante et le bras délicat, mais si peu de gorge qu'on dirait des pectoraux éphébiques : les reins un peu lourds, sans hanches ; le bassin étroit, elle ne paraît pas destinée à la maternité. La jambe sèche n'a pas de mollet. Le pied est étroit mais long.

La voix est brève ; le port impérieux et le pas rythmé.

Le mauvais Solarien est au bon ce que Sosie est à Mercure, dans Amphitryon.

Extérieurement, le Dieu et le valet se ressemblent : par la volonté du Dieu qui a pris la ressemblance du valet. Dans le planétarisme, c'est le valet qui se figure être le Dieu, ou mieux c'est Mascarille qui se pense vraiment né marquis.

Nous verrons donc les prétentions solariennes sans aucune justification et d'autant plus impérieuses : fausse Muse, fausse dévouée, détestable inspiratrice, orgueil sans génie, désir de la gloire sans effort ni œuvre, prétention sans base, ni effet possible.

La Lunarienne maléfique incarne l'incomprise, celle qui se croit méconnue et dédaigne de se faire entendre ; la mauvaise Solarienne n'abdique jamais et s'entête dans sa prétention.

Volontaire, sans logique, elle continue, malgré les déboires et les obstacles, l'effort auquel elle se croit destinée. Elle ne cède pas à la fatalité et combat jusqu'à la mort pour son ambition.

Il y eut sous le second Empire, une jeune fille assez belle qui garda, jusqu'à Sedan, l'espoir de devenir la maîtresse de Napoléon III ; c'était une Solarienne.

Même mal influencée, elle est originale et s'élève jusqu'à la théorie métaphysique, échafaudant de curieux paradoxes et les poussant jusqu'à l'absurde, pour frapper l'attention. Sa toilette, souvent excentrique, tend à se faire remarquer sans manquer de goût. Tandis que la vraie Solarienne préfère l'ombre aux concessions et vit à l'écart plutôt que de descendre à des servilités, l'autre s'acharne à conquérir la notoriété par les moyens les plus risqués et bizarres.

Le malheur en amour, qui est la marque du Soleil même en bonne influence, prend des proportions désolantes sous la mauvaise.

Mais celle-là, au lieu de se replier dans un renoncement momentané, se précipite vers de nouveaux déboires. Elle arrive à avoir un amant, sans l'aimer, pour l'avoir, parce que cela est difficile, et comme son choix, toujours ambitieux, ne rencontre souvent pas d'écho, par dépit, elle s'encanaille et sottement, car elle ne demeure pas dans une liaison qui l'humilie. Elle aime surtout les poètes et les artistes, parfois les acteurs, mais de genre noble ; et ce sont justement ceux qui opposeront forcément leur orgueil au sien. Elle s'efforce de protéger, même quand elle ne peut rien. Par amour propre, elle promet ce qu'elle sait ne pouvoir tenir : se vantant de relations, d'influences, même de parentés imaginaires, s'affublant de titres inauthentiques et racontant sur sa famille des contes fabuleux qui l'apparentent au Gotha ou à un homme illustre. Pour satisfaire sa soif d'importance, elle ira jusqu'à se calomnier et s'attribuer un vilain rôle.

Il faut qu'elle joue un personnage et prend parti, sans conviction, dans une cabale, pour trouver des occasions de paraître.

Elle se compromettra, se perdra par ostentation.

Despotique au foyer, impérieuse avec tous, elle impose sa façon de voir qui est souvent exagérée. Elle ne parle beaucoup et bien que devant un cercle dont elle attend le suffrage. Chez elle, silencieuse, elle roule ses projets de renommée et de réussite, et parfois laisse échapper des gestes qui ponctuent sa pensée inexprimée.

L'irascibilité la jette souvent hors d'elle-même et la rend dangereuse : sa colère ressemble à une colère sacrée de poète ou d'augure. Elle ne pardonne pas l'offense et prépare ses représailles pendant des années. Saturne est son ennemi majeur, dans les intrigues mondaines comme dans les conflits politiques, tandis qu'elle s'allie volontiers à Jupiter et à Mercure, mais en jalousant l'ostentation de l'un et l'habileté de l'autre : car l'envie la domine et ses plus grandes rages ont pour occasion le succès d'une rivale, qu'il s'agisse de toilette, d'influence ou de passion.

À l'instar de la Jupitérienne, elle va aux amours de vanité ; l'homme célèbre a les plus grandes chances de la séduire, quelle que soit la nature de la célébrité. En amitié, elle suit le même errement et supporte des gens assommants, parce qu'ils ont de la renommée. Il lui semble qu'elle s'augmente à la fréquentation des notoriétés. Autrefois, une femme de peu faisait des bassesses pour fréquenter la noblesse ; elle se soumet à tout, pour voisiner avec la gloire, mais ne l'estime qu'officielle et résultant de l'assentiment général.

Si elle découvre un poète encore dans l'ombre, elle se trompera entièrement, prenant la bizarrerie pour de l'originalité, et escomptant la gloire future d'un talent de cénacle sans essor. Elle a mauvais goût, aime l'emphase, la sonorité creuse des mots et le décadentisme. Elle-même est capable de méfaire pour acquérir de la vogue, et excentrique, afin de prouver qu'elle est quelqu'un d'extraordinaire, elle s'impose des manies et s'oblige à des singularités.

En amour, elle prend un amant pour le fait d'en avoir un, elle en acceptera plusieurs parce qu'ils sont illustres. Sa passion se complique d'une conception déplorable, qu'il faut se distinguer en tout et faire différemment des autres, par sentiment esthétique. En conséquence, les conditions de l'intimité sexuelle doivent être étranges pour vraiment lui plaire.

Elle se promettra, mais avec condition, que ce sera dans l'île Saint-Pierre, sur le lac de Neuchâtel, là où vécut Jean-Jacques, où Balzac prit le premier baiser à la comtesse Henska. Elle donnera rendez-vous à Vérone ou à Rimini, par enthousiasme littéraire, ou bien elle prendra Baudelaire et Verlaine à la lettre et s'efforcera de réaliser des évocations comme,

« La très chère était nue et connaissant mon cœur, Elle n'avait garde que ses bijoux sonores... »

Il y a une épigraphe en tête de ses impressions, sinon elle se jugerait bourgeoise, dérisoire et tombée dans la plus abjecte prudhommie.

Le décor et l'accessoire l'emportent sur la pièce, assez médiocre, qu'elle arrive à jouer avec un donneur de réplique, bientôt las de mimer et de vivre telle ode ou telle scène de roman. Ces représentations forment le plus clair de son plaisir, mais elle veut des hommes notoires et partant plutôt âgés. Ceux-là ont passé la période de ces mascarades sexuelles où il faut être appelé Roméo et parler à Juliette, où on joue Lord Byron en face de Guicciola qui ne sait pas l'italien. L'invention de ce divertissement passionnel montre mieux, qu'un trait plus grave, à quel degré d'artificiel, la maléfique solarienne peut atteindre.

Extrêmement loquace, elle étale son âme incomprise en des discours longs et faux, pleins de redites et qui ennuyent l'homme même épris. Elle arrive, avec le cœur sec et les sens médiocres, à une liste considérable d'amants, parce que fort peu ont accepté les conditions théâtrales et fictives de sa possession et qu'elle a dû les remplacer, sous peine de faire comme tout le monde ou de ne rien faire.

Quand une femme se dit « je me donnerai à cet homme » sans l'avoir vu, seulement parce qu'il atteint ce degré de renommée qui oscille entre la notoriété et la vogue, et qu'ensuite elle compose le décor, le costume et jusqu'aux discours à tenir, avant même de savoir quelle sera son impression nerveuse à l'aspect du personnage ; elle est une malade de l'intellectualité.

Au moment où la jeunesse s'en va, la Solarienne se trouve réduite aux gens obscurs pour qui elle a du prestige et qu'elle ne ménage point, imposant sa fantaisie et détraquant les natures molles et mal trempées. Son faux idéalisme a une action corruptrice sur les jeunes imaginations : sa rencontre s'appelle une fatalité pour un homme de vingt ans qui fait des vers, car son enthousiasme voulu trompe un esprit ingénu et dérange ses notions. Or elle n'est jamais bonne avec ceux qui n'ont point de nimbe et leur fait expier, par des cruautés véritables, le crime de n'être pas illustres.

Qu'elle poursuive la gloire ou seulement l'illusion, la Solarienne maléfique, malgré son aspect caricatural, représente une rare puissance de vertige et d'affirmation déraisonnable.

À force de ténacité, elle ressemble par instants à une grande âme et trouve des accents lyriques, par le formidable désir qu'elle a de ressembler à une sœur d'Apollon. Tous ceux qui subirent les douteux enchantements de cette magicienne de comédie restent à jamais étourdis ; ils ont vécu des sensations fausses où la réalité et la fiction se confondaient en une dépravation anormale et presque folle !

Chirognomonie : main molle, doigts spatules ou mal faits. La seconde phalange du pouce, qui signifie raisonnement, est petite ; la première, siège de l'entêtement, démesurée.

Chiromancie : Mont du Soleil grillé en croisillons : Jupiter développé.

Graphologie : écriture exagérément haute et large et, cependant, peu claire à cause des jambages parasitaires, d'une intention prétentieuse et excentrique ; majuscules inusitées et compliquées.

La Lunarienne (bénéfique)

LA LUNARIENNE (TYPE BÉNÉFIQUE)

Le grand seigneur du dix-huitième siècle qui, par une belle nuit, disait à sa maîtresse « Ne regardez pas tant la lune ; je ne peux pas vous la donner ! » exprimait tout ce qu'il y a de poésie impossible, de désir fantasque et d'inquiet imprévu, dans ce type aux traits inexplicables et si général que les anciens traités disent unanimement « toute femme est d'abord sous l'influence de la lune, ensuite vient la planète dominante ».

Ne porte-t-elle pas, en effet, comme la mer, une marque d'évolution d'où dépendent sa santé et son humeur et qui indique qu'elle communie plus vivement que l'homme avec les forces de la nature. Son système nerveux enregistre des ondes vitales très complexes et elle nous transmet, à l'état incohérent, des impressions mystérieuses qui nous troublent et activent notre spiritualité. Les anciennes sybilles et prophétesses relevaient de cette influence qui, suivant qu'elle s'exacerbe ou se pondère, donne la déraison ou la poésie.

La Lunarienne est de grande taille. Sa démarche irrégulière, incertaine, exprime l'irrésolution et la défiance de soi-même.

Elle balance ses fortes hanches et son ventre saillant d'une façon alanguie et gênée.

Sa tête ronde, large au-dessus des tempes, n'a du caractère que vue de face. Le front se courbe au sommet. Il porte des sourcils bien arqués et placés près des yeux qui sont gros, bleus, humides et doux, mais de forme ronde et à demi-clos par les paupières larges à peau fine. Presque toujours myope, elle regarde de manière vague et rêveuse et comme au loin.

Le nez court et bien dessiné se creuse au milieu et s'arrondit au bout. Petite et mal fermée, la bouche laisse voir des dents larges dans leur gencives hautes et pâles : le menton, petit et rond manifeste la passivité. Les oreilles sont collées à la tête. D'un blond cendré, peu épais et plats, les cheveux n'ondulent jamais.

Sa face pâle et parfois livide est mélancolique.

Le cou long et blanc s'attache à des épaules larges et grasses. Les seins placés haut sont petits, mais fermes ; la taille s'accuse et les hanches s'arrondissent avec élégance.

La jambe, presque sans mollet, paraît musclée comme le bras et n'est que boursouflée, selon l'humidité du tempérament lymphatique.

Toute sa chair est blanche, froide et molle.

Ses gestes lents, malhabiles, ingénus, lui donnent un aspect tantôt rêveur et absorbé, tantôt craintif et absent.

Sa voix semble voilée, en mineur, et a des accents pénétrants.

Elle s'assied les jambes ouvertes et écartées, et se courbe en avant, mettant les mains sur les genoux. Sa bouche, petite, fait des moues variées ; on dirait que la pensée vient jusqu'à ses lèvres et les agite sans pouvoir se formuler. Sa langue ressemble à celle du perroquet, épaisse et aiguë.

À son ordinaire elle parle peu, ne fredonne jamais et ne fait point de bruit.

Il se passe, en elle, des choses absorbantes qui ne se traduisent extérieurement que par de la gaucherie et des allures de dormeuse éveillée.

La Lunarienne a deux aspects : passive, elle subit momentanément l'ascendant d'une personne et devient son satellite ; indépendante, elle est la proie des impressions les plus singulières, les moins explicables.

Elle aime les poètes, les brigands, les magiciens, les bohémiens, ceux qui peuvent l'exalter ou la faire frémir.

Peureuse, elle s'expose volontiers aux aventures pour en éprouver l'émotion, et ira seule la nuit dans les bois, claquant des dents et, plus morte que vive, chercher la vibration même de la terreur.

Ce qui est ombre l'attire ; elle devient aisément spirite, faute de pouvoir être sorcière. Souvent hallucinée, elle voit dans la nuit comme un chat, mais elle voit aussi l'invisible, les fantômes et les larves : merveilleux sujet pour le somnambulisme, excellent medium, elle fournit de remarquables expériences et s'y prête avec une horreur voluptueuse, car ses sens logent dans sa tête, et elle n'est sensible que d'imagination.

Celui qui exerce sur elle un prestige poétique ou occulte la trouve dévouée jusqu'à l'abnégation. Son amour a le mouvement c. un mysticisme et peut devenir fana tique.

Mais le côté passif de sa nature l'expose à trahir physiquement l'homme qu'elle aime : car elle sait mal se refuser et se défendre et se laisse posséder par veulerie et ennui de résister. C'est la plus facile des femmes : mais quoique aisée à prendre, on ne la garde pas.

Sa nature mobile réagit aussitôt et elle déteste celui auquel elle vient de se donner.

Aux choses positives, le même cours se remarque : elle renonce à son droit plutôt que de plaider et abandonne ses intérêts pour continuer sa rêverie. Car sa vie imaginative est sa vraie vie ; elle déteste les enfants et se déplaît dans le milieu familial. Il lui faut la solitude ou la rencontre de personnages bizarres.

Malgré cette attraction irraisonnée pour le mystérieux et l'irréel ou bien peut-être à cause d'elle, aucune autre femme ne possède une intelligence aussi lyrique et n'aspire si vivement à l'au-delà. Beaucoup de saintes montrent le type lunarien, et celles-là sont célébrés par leurs extases et quelques-unes par leurs écrits.

Avec d'autres influences, George Sand figure un des types célébrés de cette influence astrale. Elle a attiré tous les hommes supérieurs de son époque, et laissé une œuvre très variée où la poésie abonde et où son intimité se retrouve ; chaque roman correspond à la personnalité qui dominait les nerfs au moment où elle écrivit. Il nous reste de ces liaisons, un écho retentissant et plaintif.

Cette Lunarienne ne fut jamais fidèle : et, en fait, une telle catégorie ne croit qu'à son rêve. Sa volonté toute intellectuelle se fiance à une conception, mais ses actes dépendent des circonstances et des rencontres.

L'astrologie la voit comme l'astronomie, sans lumière propre et réfractant les rayons qui lui arrivent. Ignorant où elle va et ce qu'elle veut, elle change de route sans raison et désire exactement, autre chose que ce qu'elle a.

Elle adore les voyages, même ceux lointains et hasardeux, en pays froids et brumeux, préférant le fiord de Norvège à la baie de Naples et le torrent suisse au calme site de Loire. La neige et l'orage l'émeuvent, et la tempête, en l'épouvantant, l'enivre. Elle aime la peur comme une vibration et un excès.

Toujours frustrée dans les partages familiaux et lésée aux intérêts matériels, elle n'offre pas de résistance à l'avidité qui l'entoure.

Le coulage règne dans sa maison ; ses domestiques la volent et les enfants règnent en maître, pourvu qu'ils n'encombrent pas.

Elle aime le blanc et les tons pâles, les travertissements et les fards, mais elle ne met pas de rouge et augmente sa pâleur.

Le confortable l'attire peu : elle mange beaucoup, mais n'importe quoi. Persuadée d'être toujours malade et ne se soignant jamais, elle se découvre des symptômes extraordinaires qui sont les fruits de sa mobilité. D'elle-même, elle n'entreprend rien, convaincue que la malchance l'accompagne ; mais elle prêtera un concours efficace, si l'effort est de peu de durée.

Merveilleusement douée pour sentir la musique violente de *Tristan* et de l'*Anneau,* elle est Wagnérienne fanatique, et ne se plaît ni à la science de Bach, ni au charme de Mozart.

Elle va beaucoup au théâtre mais en baignoire, ne jouissant bien de ses impressions qu'en se sentant isolée : elle se passionne pour les acteurs et les actrices, recherche les rapports avec eux et les voit toujours un peu, à travers les rôles qu'ils ont joués. Au reste, elle regarde tout à travers des fictions ; sa réceptivité nerveuse la fait vibrer sans cesse, à chaque projection de la vie. Elle est constamment possédée d'un démon nouveau, comme dit un vieux texte. Miroir vibrant où se reflète et la terre et le ciel, et le passant et l'oiseau, et la fleur et même l'impondérable brise ; elle reçoit sa vie et ne la fait pas, girouette vibrante aux souffles les plus divers. Son tempérament lymphatique la soumet, plus que toute autre, aux contre-coups organiques et elle offre ce trait vraiment étrange d'une originalité véritable avec une passivité sans borne ; sa personnalité, c'est sa résonnance. On peut la comparer à une harpe qui vibrerait à mille contacts différents.

La Lunarienne exerce un charme profond par la variété de ses aspects : ce n'est pas une femme, c'est un sérail, non de corps mais d'âmes où, suivant les moments, on trouve les personnalités les plus diverses, toutes fugaces et momentanées. Tantôt pure et pieuse, chaste et calme, elle donne l'illusion d'une créature à peine terrestre ; tantôt surexcitée et divagante, elle incarne la passionnalité la plus folle. Sa bizarrerie prismatique reflète même l'inexistant et l'invisible : elle voit et elle entend ce que son amant ne perçoit pas. Traversée de pressentiments, secouée d'hallucinations, elle est en proie à une perpétuelle agitation sentimentale ; sa vibration multipliée correspond à une compréhension subtile.

Elle se trompera sur le mérite d'un artiste et prendra la bizarrerie pour l'originalité, l'obscurité pour la profondeur et l'enflure pour le lyrisme ; mais elle sentira, la première, le génie inconnu et devancera l'opinion, en saluant du don d'elle-même une gloire future. Elle ira dans la mansarde de l'écrivain et lui dira qu'elle l'aime, sur le seul effet d'une lecture passionnante.

Les gens officiels n'exercent aucun prestige sur la Lune, et sa tendance est de résister au suffrage général ; elle serait donc la complémentaire désignée des intellectuels, inventeurs, de ceux qui doivent attendre longtemps leur heure, si l'inconstance ne paralysait pas sa lucidité. La femme qui fait des vers, bons ou mauvais, est Lunarienne. Ses poètes sont Poë, Baudelaire, Verlaine ; ses partitions, la symphonie fantastique, les derniers quatuors de Beethoven. On peut l'appeler une belle de nuit, car elle veille volontiers et fait de la nuit le jour.

Le soir, au bord de la mer ou d'une pièce d'eau, elle vacille sous l'action de sa propre pensée et tombe, par mollesse, dans les bras qui se tendent alors. De même pendant une traversée, elle est incapable de résistance et se laisse prendre, moins séduite que grisée par l'atmosphère marine. Les bois sombres, les charmilles épaisses sont propres à ses défaillances. Enfermée avec son amant elle tire les rideaux, ou éteint la lampe. Ce qu'elle voit l'empêche de jouir de ce qu'elle se figure.

En plein jour, au soleil, elle repousse la volupté avec humeur. Il faut beaucoup d'ombre, de silence et, s'il se peut, de mystère à ses caresses.

Elle rêve sa vie faute de vivre son rêve et autour d'elle flotte un halo fatidique.

Elle attire comme un être privilégié qui a des sens plus affinés que le commun et dont l'imagination, fuyant les chemins battus, se prodigue en hardiesses.

Nature inquiète et triste, craignant sans cesse pour sa liberté, elle sacrifie son intérêt au salut de sa fantaisie, n'atteint jamais le bonheur et ne le donne pas.

Résignée à être dupe aux transactions de la vie, sans application à ses propres biens, elle passe sa vie dans la solitude plutôt que de se mêler au vulgaire qu'elle méprise. Car l'orgueil de sa pensée ne l'abandonne jamais et elle s'estime supérieure aux autres, sans pouvoir le prouver ; l'ascèse religieuse seule lui donne de l'humilité et encore là se croit-elle favorisée d'en haut !

Chirognomonie : main très molle, fondante et froide au contact ; doigts longs et pointus, ongles courts, mais bombés.

Chiromancie : Tranchant de la main strié en divers sens, mais plutôt horizontal. Ligne de tête qui bifurque vers le mont de la planète : celui du soleil semble couvert d'un grillage.

Graphologie : Écriture grande et inclinée, inégale ; dans le même mot, croissante et décroissante, peu ou pas de ponctuation, grands jambages, finales longues plus déliées que pleines, barres très fines et mal placées.

La Lunarienne (maléfique)

LA LUNARIENNE
(TYPE MALÉFIQUE)

Certaines expressions proverbiales résument l'expérience des siècles. On dit lunatique celui dont les mobiles restent inexplicables et qui échappe aux règles de la psychologie générale. Vouloir la lune signifie désirer l'impossible : et c'est en effet la planète des incompris et des incompréhensibles, l'astre des chimériques, des somnambules et des fous. Ici on aime, mais on ignore quel objet ; on veut, mais on ne sait quoi ; on se démène sans agir ; on pense à tout et à rien ; et le désordre, l'insuccès, le malaise règnent, faute de précision.

Le bien et le mal s'entrecroisent en une trame tellement mélangée, qu'on n'en comptera jamais les fils incolores à force d'être multicolores. Il résulte d'une confusion perpétuelle entre le rêve et la réalité, qu'ils s'interposent ; et que ce caractère paraît indéchiffrable, car son exaltation confine à la folie, sa perversité va jusqu'à la sorcellerie homicide, et on se croit en face de l'inconscience alors qu'il s'agit de vrais crimes dûment délibérés.

La mauvaise influence lunaire n'ôte pas à la femme sa stature élevée, mais elle l'élargit ; la face devient plus ronde et plus plate ; les sourcils mal tracés se joignent ; le front, droit d'abord, se courbe brusquement en arrière, et les traits sont tous épaissis avec le cheveu plus rare ; des yeux ronds et saillants en boule, d'une extrême myopie.

La paupière paraît violacée, la prunelle affecte une couleur indécise. Le regard prend une fixité inquiétante et maligne et le nez se creuse au milieu, profondément.

La lèvre grossit sur les dents noires et le menton se durcit. La pâleur est livide.

Les épaules pâteuses supportent un cou grêle ; le gras du bras remue isolément et les seins mous s'élargissent et pendent.

Les hanches paraissent lourdes et la croupe mollit encombrante et diffuse. Tout le corps paraît boursoufle et la peau sans duvet, lisse et blafarde, montre souvent des taches : les jambes gonflent à la cheville, les pieds sont grands avec des attaches lourdes. La voix nasille et traîne et la diction hésite. La frigidité de la chair va jusqu'à être impressionnante et dans l'émotion même critique, la sueur est glacée et parfois mal odorante.

Sous la volonté d'un méchant, elle devient la complice des pires attentats ; au reste, elle éprouve une attraction malsaine pour les scélérats ; elle lit les causes célèbres, se plaît aux audiences de cour d'assises. Autrefois, elle achetait au bourreau des reliques de supplicié, maintenant elle se contente de son portrait et lit avec passion le reportage judiciaire. La perversité lui semble la véritable esthétique, elle se complaît à inventer d'horribles histoires de guet-apens et de prison. Si elle trouve un cavalier, elle se fait mener dans les bas-fonds de Paris ou de Londres et cette descente aux enfers des grandes villes fait date dans sa vie. La mauvaise réputation d'un homme le lui rend sympathique ; elle recherche les individus inquiétants et dangereux et ceux connus par leurs vices exceptionnels.

Chercheuse de frissons nouveaux et de sensations inéprouvées, son imagination ne recule pas devant les idées abominables. Dans la débauche on la trouve souvent avec un homme qui pourrait être son père ; elle s'affilie volontiers aux groupes de déséquilibrés, fumeurs d'opium, morphinomanes.

Superstitieuse, croyant au diable et le craignant, elle saisit l'occasion de toucher aux sciences occultes et y apporte des facultés rares de voyante et d'hystérique. Jusqu'au XVIIe siècle on a brûlé par milliers des Lunariennes qui prétendaient avoir assisté au sabbat et couru le loup-garou.

Sa débauche, car elle n'a pas d'amour, présente des symptômes morbides ; elle se compose des programmes de luxure, un menu de jouissances, incapable de penser au plaisir normal. Ordinairement déçue, elle recommence à imaginer des raffinements bizarres que l'événement ne réalise pas. Elle donnera des rendez-vous au cimetière ou au bord d'un gouffre. Fuir la raison, inventer des sensations même en révulsant la nature : tel est l'emploi de son imagination dépravée. Ses liaisons reposent sur une complicité où l'amant n'est plus qu'un compagnon d'orgie, un complice de déportement, un acolyte d'obscénité.

Astucieuse, médisante, elle sème la zizanie et s'intéresse à faire souffrir ; elle se donne la peine de corrompre les autres femmes et les passions séniles trouvent en elle la complaisance perverse. Elle déteste le père de son enfant et l'enfant même ; la famille ne représente que des entraves à ses caprices. Elle serait méchante, sans la paresse qui lui interdit la moindre suite d'idée.

L'Hystérie la guette : son irrésolution perpétuelle la désarme contre l'attaque nerveuse, d'autant qu'elle cultive sa tendance à l'hyperesthésie. Son organisme enregistre sans cesse des sensations anormales qui le détraquent. L'irresponsabilité paraît au cours des velléités et la malade se profile derrière la fantasque.

Type du médium et de la sensitive, elle n'a pas beaucoup à faire pour spécialiser sa tendance impressive jusqu'au point où le phénomène spirite paraîtra.

À l'état ordinaire, elle perçoit déjà des sons, des formes, des contacts, qui n'existent pas pour les autres.

À l'état somnambulique, elle donnera aisément la seconde vue et les facultés lucides. Déjà la prévision est fréquente, les songes se réalisent, les antipathies et les sympathies subites sont vérifiées par la suite des événements ; encore une impulsion, et le sujet entrera en transes, si le magnétiseur surtout est un Mercure. Alors, la vie fluidique et la vie organique se mêleront en un perpétuel déséquilibre : les différentes phases de l'obsession iront croissantes jusqu'à l'épilepsie. Le désordre deviendra chronique, les tendances virtuelles : la Lunarienne qui rêvait agira, perverse, impudique, matérialisant les cauchemars de son cerveau en sinistres actions.

Elle est attirée vers les gens âgés, les vieux viveurs ; espérant trouver en eux une perversion savante et leur apportant une complaisance illimitée pour les idées séniles. Sa façon coulante de s'adapter momentanément à une influence la rend séduisante, et les hommes mûrs qui la rencontrent demeurent sous sa domination, la plus fantasque qui soit. L'eau exerce un puissant magnétisme sur ses nerfs, elle ira en mer dans une barque de pêche, insouciante du péril couru ; elle craint la mort, et gémit sans cesse de la vie, aspirant à un état inconnu où les impressions seraient bizarres et toujours neuves. Prodigue et toujours à court d'argent, elle donne au nécessaire le moins possible, mange mal toute la semaine, pour s'offrir une fête le dimanche, et sacrifie la plus belle situation pour un voyage. Elle préfère les pays brumeux à ceux du soleil : libre de son mouvement elle va au Nord ou à l'Est. Elle comprend la musique et ne la sait pas.

Sa paresse lui interdit une véritable inclination à aucun art ; d'autant plus, elle admire les virtuoses. Parmi le sérail volontaire qui suivait Litz, de ville en ville, il y avait beaucoup de Lunariennes.

Dans une autre sphère, elle s'éprend d'un prédicateur, d'un missionnaire, et va lui avouer sa passion au confessionnal.

Elle n'a aucune répugnance pour les gens de la glèbe et mangera avec ses fermiers. Le passant de la route, le chemineau, le mendiant surtout le bohémien, en l'effrayant, l'attirent.

Son rêve, qu'elle exprime même au milieu du luxe, serait de vivre dans une roulotte, en saltimbanque, et d'aller au hasard, n'importe où, et toujours vers ailleurs. Comme elle voudrait changer de lieu tous les jours, elle aimerait changer aussi d'amant. Cependant il y a, chez elle, une loi d'habitude. L'homme, qui l'a eue une fois, peut toujours la ravoir.

Elle se plaît à ces « Revenez-y » pour comparer un souvenir avec une nouvelle impression du même être.

Volontiers elle retourne aux lieux où elle a habité y trouve des fantômes amis. Elle ne cherche pas à s'expliquer son état, et le subit, intéressée ou navrée ; personne n'a moins la préoccupation de causalité. Voit-elle quelque chose d'anormal qui semble une manifestation spirite, elle ne se livre à aucun effort critique n'examine pas le phénomène : elle en jouira pour le frisson reçu. Non seulement elle s'inquiète peu de la moralité d'autrui, mais elle penche vers les gens sans scrupule et qui la décevront. Son antipathie se réserve pour les raisonnables et les circonspects qui l'exaspèrent, tandis que les vieillards libidineux et égrillards l'intéressent. Par recherche d'impression, elle dédie parfois à une femme un fanatisme passionnel et se fait son satellite assez longtemps. Elle n'ignore aucun vice et son dévergondage sacrifie à tous les rites.

Être désorbité et qui cherche un mouvement impérieux pour le subir, elle se borne à rêver aux circonstances où sa paresse ne peut rompre les entraves sociales. Dans le grand monde elle se contente de débauche, de clair de lune et d'opéra. Mais l'autre type, celle de la route, de la rue et de la borne, tombe fatalement sous la puissance d'un homme infâme et lui obéit aveuglément, devenant un instrument de crime presque inconscient. Facilement suggestionnable, elle prend part au meurtre avec une horreur vibrante qui l'enivre, et si la prison la torture dans son besoin d'indépendance et de variété, elle a une imagination assez féconde, pour supporter le régime cellulaire.

L'imagination, cette seule faculté, sans règle, sans répit, sans orientation, voilà sa dominante et nul ne précisera un état d'esprit qui se forme de l'imprévu, de l'inconnu, du rêve et de l'hallucination !

Dévorée par l'irréalité qui la blase sur la vie normale, avide de ressentir des choses inconnues, mystique sans objet et somnambule naturelle, même à l'état éveillé, la Lunarienne ressemble à une folle, mais séduisante et dont la démence peut être contagieuse. Inassouvie, assoiffée d'irréel, affamée d'une nourriture qui n'a pas de nom, elle vit malheureuse, impuissante à tous ses vœux et égarant, par sa poésie malsaine, ceux que le rêve entraîne vers elle. Souvent elle demande à la morphine, à l'éther, à l'alcool le coup d'éperon qui achève de la jeter hors de la santé et de la raison, vers la démence.

Chirognomonie : main molle et spongieuse, doigts pointus, d'un contact nerveux ou comme mort, en ce dernier cas faisant « main de bois ».

Chiromancie : voie lactée : la ligne de tête descend vers le mont de la Lune avec îlots et des barres, prédominance du mont.

Graphologie : écriture désordonnée à espaces inégaux, d'un aspect confus et peu lisible ; formes rondes et gladiolées se succédant sans raison ; ponctuation et accentuation se confondant, soulignement exagéré ; finales en sabre ; finale changeante et curviligne.

La Mercurienne (Bénéfique)

LA MERCURIENNE (TYPE BÉNÉFIQUE)

Influence mystérieuse, qui donne comme son signe graphique, l'imagination de la lune, le cercle harmonieux du soleil et la croix vénusienne c'est-à-dire la sensibilité exquise : influence multiforme qui achève et couronne les autres astralités.

Le divin Léonard est un Soleil-Mercure ; les grands financiers sont des Jupiter-Mercure ; beaucoup d'artistes, des Mercure-Lune. Le mot qui caractérise ce type est celui de *réalisation*.

Pour mettre une chose en œuvre, produire une découverte, lancer une idée et dresser une entreprise sur pied, il faut la participation de Mercure. Voilà pourquoi la femme de cet ordre pourra être danseuse, gymnasiarque, actrice, ou bien conquérir le diplôme de docteur en médecine, ou encore remplir le rôle d'ambassadrice, suivant sa naissance et la nécessité. Elle fera bien tout ce qu'elle tentera, même le bonheur d'un homme pourvu qu'il soit jeune, car elle n'aime jamais les gens âgés.

La mercurienne bénéfique est jolie femme, svelte, presque grande, bien découplée avec des extrémités minces, et garde très tard le caractère de la jeunesse.

Son allure est gracieuse mais gesticulante, elle s'agite, multiplie les saluts comme les mots et met une grande faconde à ce qu'elle fait.

La tête paraît longue, le front haut a une courbe élégante. Ses sourcils à peine marqués sont près des yeux et l'arcade paraît saillante.

L'œil enfoncé est noir, vif, très mobile, chercheur et pénétrant.

Le nez long, qu'il soit droit ou courbé, finit en pointe, avec de petites narines presque fermées.

La bouche se relève aux commissures, très mobile, pleine d'esprit et de signification très variée. La lèvre est mince et le menton pointu ; le teint, d'une pâleur tirant sur la cire, se fonce au lieu de rougir, dans les impressions vives. Plats mais fins, les cheveux oscillent entre le brun et le châtain. Le cou est long sur de fortes épaules. Les seins petits ne sont pas ronds et affectent la forme de la poire.

La taille est d'une souplesse incomparable, les reins se cambrent fortement, quoiqu'elle ait une petite croupe.

La jambe n'a pas de gros os ; fine et robuste, elle se termine par un pied très cambré.

Elle marche vite, regardant à droite et à gauche, par petits pas pressés, agitant les bras et remuant les doigts. Jamais sa main n'est en repos, elle tapote la table ou le bras du fauteuil. L'immobilité ou simplement le maintien dans une pose donnée lui serait insupportable. Elle croise et décroise ses jambes, s'assied et se lève ; ce qui fait dire au peuple « qu'elle a du vif argent dans les veines. »

Ce qui frappe le plus, à la rencontre de la Mercurienne, c'est la volubilité des gestes. Elle ne dit pas un mot sans le faire suivre de plusieurs synonymes, salue toujours plusieurs fois, du corps, du geste, des yeux. Elle ne vous prie pas de vous asseoir, elle vous assied de ses mains. Une mimique perpétuelle occupe son silence pendant qu'elle vous écoute et se renouvelle, quand elle répond. Tout ce mouvement a lieu avec grâce.

Son discours est vif, abondant ; et si elle veut convaincre, la voix devient aiguë.

Pourvu qu'elle ne subisse pas de contrainte (et si on lui en impose, elle sait s'y soustraire sans heurt, ni éclat) la Mercurienne est facile à vivre. Son caractère est doux, gai avec des vivacités vite réprimées. Perspicace, physionomiste elle devine l'impression qu'elle produit et habilement la modifie à son avantage. Sa répartie part vite, mais ne blesse pas. Un tact naturel l'empêche de se faire des ennemis. Elle échappe à l'observation par le miroitement de ses aspects : et, sous sa grâce courtoise, elle se cache, impénétrable. Tandis qu'elle suit, avec instantanéité les sentiments de celui qui lui parle, on ne peut guère lui mentir ; elle démêle la secrète pensée des gens et ne fait rien autre que sa volonté, sans la promulguer comme Mars, ni l'exagérer à la façon de Saturne. Elle élude le despotisme qui cherche à s'imposer et lui échappe, sans lutte. De ce type, le peuple dit « elle passerait par le trou d'une aiguille et ferait les yeux à un chat ! »

Il n'y a pas d'actrice sans influence Mercurienne : Sarah Bernhardt est une Mercure-Saturne, Réjane une Mercure-Vénus. L'art mimique relève de cette planète. C'est, après Saturne, la moins amoureuse. Son extrême pénétration l'avertit du danger sexuel, de l'enlisement voluptueux ; elle fait un mariage de raison, et son adultère ressemble à un acte de politique domestique ou bien elle aimera un très jeune homme, séminariste ou rhétoricien.

L'homme de trente ans ne lui inspire rien ; à quarante, il cesse d'exister et n'a plus de sexe. Elle exerce un véritable empire sur les Jupitériens, qui se ruinent volontiers pour elle. Peu sensuelle, elle se conduit habilement avec ses soupirants et les amène à une sujétion complète. Il faut ajouter qu'elle s'applique à les flatter sans cesse et à leur inculquer l'illusion d'être aimés. Courtisane de l'âme, elle possède l'art de se conformer à chaque tempérament ; aussi voit-on les types les plus divers attelés à son char, avec un zèle égal.

Son activité de pensée lui permet de mener beaucoup d'intrigues de front, sans mécompte : et aussi de s'instruire aux matières les plus diverses.

Sa mémoire tient du prodige, elle n'oublie ni un nom, ni une adresse, ni un visage, ni une circonstance. En province, elle sait l'histoire des familles, leurs revenus et comment on doit pousser chacun, pour en obtenir ce qu'il contient. Son principe, qui n'est applicable que pour quelqu'un de pénétrant, consiste à utiliser les passions d'autrui au profit des siennes propres.

Elle aime les enfants et les protège ; parfois même elle en adopte. Cette attraction vers le jeune âge est un des beaux côtés de sa nature complexe et la rend sympathique.

Il suffirait du reste de sa belle intelligence, si féconde en inventions, si multiple en ses vues. Léonard de Vinci était un

Soleil-Mercure, et il devait à cette dernière planète la multiplicité de ses dons d'investigation et de perfectionnement. Son goût pour l'étude est très vif. En voyage, elle visite avec intérêt les travaux d'art, les usines et se plaît à honorer les membres de l'Académie des sciences. Les découvertes la passionnent et aussi les expériences ; elle joue aux jeux compliqués et difficiles, aux échecs, mais non pas au whist, impossible à sa mobilité.

À la campagne, elle herborise, collectionne les papillons et les coléoptères. Sa syntaxe et son orthographe sont impeccables.

Malgré que sa voix soit faible, on l'écoute toujours avec intérêt. Sa façon de narrer, vive et colorée, amuse la galerie ; elle a des succès de salon, en racontant ses aventures de voyage. Gracieuse, dansant à ravir, faisant de belles révérences, donnant à chacun l'impression de la comprendre et de l'apprécier, elle occupe, après Jupiter et Vénus, la meilleure situation dans l'élégance.

Amplificatrice, elle cède à une tendance vers l'extraordinaire, aime à s'étonner et à étonner et quelquefois déclame de l'invraisemblable avec audace. On ne peut pas se fier à la description qu'elle fait d'un séjour ou même d'un tableau.

La Mercurienne a le pied dans tous les mondes, et son rôle social consiste à servir de trait d'union entre des gens qui, autrement, ne se rencontreraient jamais.

À sa table, les adversaires politiques se voient et se saluent, en estime ou mésestime mutuelle ; la noble dame se rencontre avec l'actrice, le grand-duc avec l'anarchiste.

Sur ce terrain neutre, il y a trêve d'hostilité, et chacun rentre son programme et ses griffes.

Aussi l'influence de la Mercurienne reste toujours considérable, même en démocratie ; Jupiter ne saurait comment gouverner, s'il n'avait Mercure comme préfet de police ou conseiller d'État. Femme de diplomate, c'est elle qui démêle les affaires, prévoit et conduit, car elle unit à l'intuition des événements la pénétration psychologique des individus.

Dans le monde commercial, la Mercurienne est souvent le vrai chef de la maison qu'elle sauve, là où l'époux la laisserait périr.

Son esprit trouve toujours une ressource à la situation la plus désespérée.

La Mercurienne tient beaucoup de l'homme par la clarté des idées et la constance d'activité ; à la fois très artiste et très raisonnable, unissant l'imagination à des mœurs saines et peu agitées, elle remplit le programme de ceux qui ont besoin de trouver de l'initiative dans leur compagne et une collaboratrice dans la mère de leurs enfants.

Jamais ce type ne se désintéresse de son foyer : même elle intervient dans tout ce qu'elle voit faire ; elle regarde travailler le menuisier et lui tendra ses outils, ou lui proposera un biais imprévu et meilleur que celui qu'il emploie. Elle s'arrête devant la dentellière ou le tourneur : le travail manuel l'attire, quoiqu'elle ait une grande activité cérébrale.

L'application l'intéresse par-dessus la théorie, et le conservatoire des Arts et Métiers la retiendrait aussi longtemps que le Louvre. C'est elle qui, tout enfant, démontait une pendule, n'en perdait aucune vis, et qui s'extasiait à étudier le piston d'une locomotive, alors qu'elle portait une robe courte. Elle scrute les gens comme les choses, et suit dans son entourage, avec curiosité, le mouvement des passions, même lorsqu'elle ne doit pas les manier à son profit. Cette propension à s'intéresser à tous et à tout, lui donne une importance sociale : chacun la ménage, dans la présomption d'avoir besoin de ses relations. Également bien vue des fantaisistes qui se sentent compris et des gens graves qui se voient appréciés, la Mercurienne, se trouve mêlée fatalement aux intrigues et aux affaires de son milieu, et tire habilement son épingle du jeu, même celle de ses amis, Sa ruse s'exerce naturellement sans perfidie : elle devine où est la chance et la suit. Si elle rend des services immédiats, il ne faut pas lui demander de s'occuper longtemps d'une affaire qui n'est pas la sienne. Elle entreprend aisément, il est plus rare qu'elle termine : son attention, sollicitée par ce qui surgit de nouveau, se lasse à regarder en arrière.

On distingue deux sous types : celui aux mains dures, type actif, matériel, et qui donne les qualités physiques de la planète : agilité, souplesse, dextérité manuelle, sens des affaires, fécondité d'adaptation, et l'autre aux mains molles qui donne le goût de la science et des hautes spéculations, et le penchant aux sciences occultes.

Il est difficile d'appliquer à la femme le don des sciences physiques et géométriques et de trouver l'analogue du grammairien, dans son activité. Mais au sens sentimental ces indications d'un sexe se retrouvent dans l'autre, sous forme de positivité, de vision juste, et de résistance aux passions.

Chirognomonie : main longue, doigts mixtes plutôt pointus avec nœud philosophique, extrême souplesse et dextérité. L'auriculaire et le pouce remarquablement longs.

Chiromancie : mont de Mercure saillant et celui de Saturne creux : Saturnienne à rameaux, hépatique directe.

Graphologie : écriture nette, aux finales décoratives, plutôt ascendante et bien ordonnée, assez vive de mouvement et gladiolée ; petites majuscules : paraphe filiforme et développé comme un lazzo.

La Mercurienne (Maléfique)

LA MERCURIENNE (TYPE MALÉFIQUE)

C'est le chapitre de la voleuse, de la sorcière, de l'espionne et de l'entremetteuse. L'imagination sans moralité, le désir de la richesse et de la propriété, par tous les moyens, la femme à tout faire, la Maîtresse Jacques des passions d'autrui, intrigante, marchande à la toilette, avorteuse, cette créature funeste se révèle par sa laideur et le cynisme simiesque de son regard vipérin et oblique. Profiter d'autrui, demander tout à l'habileté et rien au travail, vivre sur les dupes et en parasite, croquer les marrons que d'autres tirent du feu, frapper les faibles, tromper les simples, égarer les passionnés : voilà les œuvres de ce type qui, mêlé aux méfaits comme excitateur et auxiliaire, échappe d'ordinaire au châtiment.

On ne saurait trop se garer de telle rencontre, plus dangereuse qu'on ne croit, car elle ment à merveille, paraît épouser vos intérêts, et donne des conseils qui semblent ceux de l'amitié la plus perspicace et qui conduisent à la perdition.

Maigre comme la Saturnienne, mais petite, nerveuse, grimaçante, ayant les mouvements brusques et adroits du singe, parfois une épaule trop haute, elle produit une fâcheuse impression.

La tête longue, montre des sourcils qui se rejoignent ; l'œil profondément enchâssé luit d'une lumière rougeâtre, et la pupille s'agite, toujours mobile.

Le nez, très pointu, s'accompagne d'une bouche crispée, aux lèvres minces, à l'expression sarcastique inquiétante. Le teint est sombre, semé de taches. Les cheveux, mal plantés et blonds, sont rebelles et courts ; le cou, grêle, s'attache à l'épaule maigre, brusquement ; les seins médiocres et flasques semblent fatigués même dans la jeunesse ; le ventre est apparent ; la jambe mince n'a point d'élégance.

Elle va toujours vite, mais d'une façon inquiète et comme si elle se croyait suivie, en se retournant et faisant des détours pour échapper à une surveillance. Ses doigts longs ont des gestes préhensifs involontaires et elle évite de tendre la main ouverte.

Sa voix pâle et faible n'a pas de timbre.

C'est la plus effrontée menteuse : même sans dessein, elle amplifie et dénature ce qu'elle raconte et se complaît à fausser les faits.

Inconstante en ses opinions, sollicitée par des rapports imprévus, elle passe d'un jugement à un autre contraire, sans motif que de changer.

D'une malice simiesque ou plutôt diabolique, elle se constitue en missionnée de l'erreur, plaide le faux pour le vrai par dilettantisme, et s'amuse à embrouiller les idées des esprits faibles, comme un chat jouant avec une pelote. Peureuse et vantarde, elle s'attribue un grand courage et d'avoir surmonté d'incessantes embûches ; en réalité, elle en a tendu, par plaisir, à des indifférents et même à ses amis. Son temps se passe à combiner des plans d'entreprises où il y a toujours de la noirceur ; elle conspirerait à l'occasion pour dénoncer, un beau jour, ses complices et toucher le prix de sa trahison. La lettre anonyme lui est familière : elle imite les écritures à miracle et tire des profits de ce talent malhonnête. Commerçante, elle falsifie ce qu'elle vend et trompe sur la qualité ou le poids de la marchandise ; elle achète les pièces qui n'ont pas cours, les fait passer à ses clients et, s'ils sont distraits, leur rend la monnaie incomplètement. Les maîtresses des faux-monnayeurs ont le type mercurien. Elle s'associe aux charlatans et dans les campagnes apparaît comme guérisseuse, rebouteuse et leveuse de sorts.

Son penchant vers la sorcellerie la conduit aux hallucinations ; elle croit au diable et voit des fantômes qui signalent des trésors enfouis dont elle révèle l'emplacement contre bonne monnaie.

En Italie, elle enterre de vieilles médailles, les fait découvrir à de riches anglais et, ayant ainsi capté leur confiance, obtient la forte somme pour le secret d'une sépulture qui n'existe pas.

Misérable, elle pratique tous les métiers et même le pire ; elle s'institue intermédiaire entre l'ingénuité et le vice :

sinistre procureuse des plus abominables passions, et d'autant plus zélée qu'elles sont plus abominables.

Elle préfère l'incertitude du lendemain à une dépendance honorable : les ingénus doivent la faire vivre, qu'elle soit marchande à la toilette ou courtisane. Elle préfère trafiquer des autres que d'elle-même. La police trouve en elle un habile auxiliaire et l'étranger une espionne. Si elle a un salon, on y joue et même on y triche, avec sa connivence et en lui allouant une forte cagnotte.

Elle fait des mariages ou de la brocante et vend des vierges ou de fausses antiquités suivant sa position sociale et la nécessité.

Aucun métier ne la trouve inhabile ; elle aurait pratiqué sur le radeau de la Méduse, car elle persuade. Elle emploiera le spiritisme pour dominer un amant et feindra les transes, les visions et les incarnations. À la campagne, elle se donnera pour rebouteuse et exploitera la superstition.

Son intuition du côté faible et crédule de chacun étonne, et elle se fait la complice de ceux représentant son intérêt, puis les trahit.

Elle se consacre aux très jeunes gens et les déniaise, c'est-à-dire les corrompt. Jadis elle avait ses pages pour amants, aujourd'hui elle convoite le collégien et agit sur son esprit le formant pour la lutte, le dissuadant de l'honnêteté. Inconstante et menteuse, promettant et jurant, sans dessein de tenir sa parole, être de mauvaise foi et de mauvaise volonté elle n'a de vraie considération que pour ce qu'on appelle aujourd'hui « les gens rosses » et n'aimera qu'un époux semblable à elle, c'est-à-dire voleur sous une forme légale ou non, suivant l'étiage mondain.

Elle se sent attirée vers les gens d'affaires, de contentieux et d'agio, ses frères par les facultés perverses. Les notions morales lui manquent absolument, elle est portée au mal par instinct : sa remarque malveillante signale sans cesse le côté faible ou défectueux d'autrui ; elle raille et joue de nouveaux tours, même sans motif, pour s'amuser de la déconvenue et se prouver sa supériorité.

En revanche, elle conserve un fonds de crédulité pour les entreprises miroitantes de résultat, et quoiqu'attachée à l'argent elle risque souvent de fortes sommes sur l'appât d'un gain considérable. Jadis elle commandita des essais de transmutation et crut aux alchimistes ; maintenant elle se laisse séduire par les lancements de mines d'or, les exploitations de sable aurifère.

Jadis elle fit pacte avec le Diable et vendit son âme déjà toute acquise à l'enfer pour des richesses qui ne vinrent pas ; maintenant elle participe à des affaires hasardées et qui la ruinent : car elle manque de chance dans ce qu'elle entreprend et ne réussit que le vol, sous une forme détournée ou non.

En amour, elle prend le mari ou l'amant des autres, soit par perversité, soit par commodité et quoique rarement belle elle sait produire une impression lascive et enlisante. Elle n'exerce, en ses aventures sexuelles, qu'un charme de vice ; maigre, sans forme élégante, la peau sombre et le cheveu filasse, elle ne peut produire aucune impression attractive. Dans l'intimité seulement, elle profite d'une circonstance propice pour s'offrir.

Avec sa famille elle représente l'être de discorde qui répète aux uns les dires des autres et selon l'expression connue « ferait battre les montagnes ». Elle s'acharne avant tout sur les ménages et si elle ne parvient pas à débaucher le mari, elle persuade à la femme d'écouter un soupirant. Sa malice se délecte à multiplier les complications, les compromissions et les heurts. Elle aide à l'adultère avec l'arrière-pensée de faire plus tard un chantage : elle se charge des correspondances coupables et en garde toujours quelque spécimen. On ne finirait pas d'énumérer ce que son invention malsaine dépense d'ingéniosité à nuire. Ce travail perpétuel du méfait gratuit et intéressé devient maniaque, presque involontaire. La bassesse native s'indure et devient incurable ; mais cela n'empêche pas ce type détestable de végéter le plus souvent, car la réussite la fuit.

Si elle aime, c'est-à-dire si elle rencontre un formidable escroc, son maître en perversité, le filou d'envergure, elle le servira avec une activité infatigable ; mais sans vouloir accepter une dépendance régulière.

Les traditions attribuent à la Mercurienne maléfique le vice solitaire ; et l'expérience lui donne celui contre nature qui s'accompagne fréquemment avec la passion du vol.

Il y a, sous le regard de cette planète, des femmes qui ne sont point voleuses pour la réalité du vol, mais qui dérobent des objets maladivement et les grands magasins connaissent ces étranges personnes.

À des degrés moindres, la Mercurienne ne rend pas les livres prêtés : elle les dit perdus et les garde. Elle souhaite la forme de robe qu'elle voit portée par une amie et sans cesse, emprunte aux autres ce qu'il lui faut : dans le peuple, des légumes ou du beurre ; dans le monde elle n'a jamais de monnaie pour les voitures ou les ouvreuses.

Elle ne reste pas au lieu où elle est née, change de ville, de pays, avec facilité, vit beaucoup hors de chez elle, se fait inviter sans cesse. Désorientée dans la solitude elle tend à la vie des capitales où son action a plus d'étendue et ses vices une meilleure sécurité. Usurière au besoin, elle excelle à faire suer l'or, et le prêt à la petite semaine elle le pratique, même au figuré, exigeant un grand service en échange d'un petit.

En amour, elle est complaisante aux manies ; mais elle fait chèrement payer ses faveurs par l'arrogance de son despotisme. Querelleuse, tatillonne, toujours énervée, attaquant la tranquillité de l'homme pour se distraire, comme un chat qui fait ses griffes, elle se montre ennuyeuse, insupportable autant que dangereuse. Aucun dévouement n'a la puissance de la désarmer, car elle inspire des passions : elle n'apprécie que ses propres puissances qui sont, réellement, de ténèbres. Elle finit, d'ordinaire, dans le délire de l'idée fixe.

D'après l'enseignement occulte, Mercure comme Saturne absorbe, c'est-à-dire qu'il détourne le rayon vital à son profit et appauvrit ceux qui l'entourent. La remarque magique corrobore l'expérience, car socialement la mauvaise Mercurienne vit de ce qu'elle dérobe ; elle se nourrit de vols et anciennement ce type fut celui des vampires et celui des corsaires, de ceux qui ravissent à autrui ce que l'être humain doit attendre de son application.

Chirognomonie : main molle, doigts longs mais difformes et première phalange renversée : auriculaire très indépendant et pointu.

Chiromancie : Mont de Mercure large et haut. Sur la troisième phalange de l'auriculaire, sillons indiquant la tendance au vol.

Graphologie : écriture anguleuse et qui serpente, fine et à mots très séparés, harpon aux finales, d'un tracé vif ; T barrés au milieu : paraphe en cul de lampe informe, aux traits boueux.

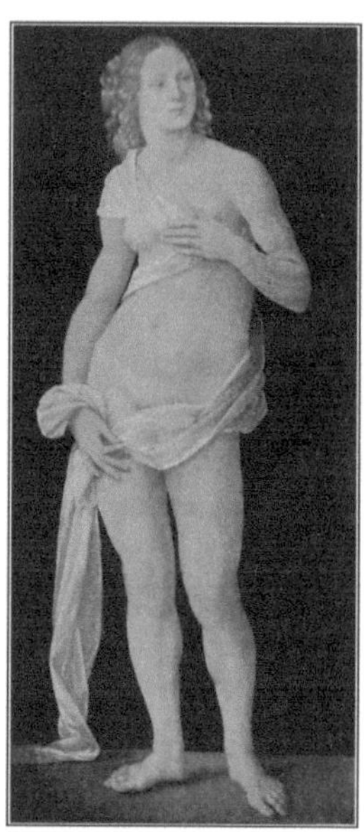

La Saturnienne (Bénéfique)

LA SATURNIENNE (TYPE BÉNÉFIQUE)

Le Saturnien est souvent un penseur, un prélat, un ministre ou un conspirateur. La Saturnienne inapte aux sentiments de la famille et aux joies de l'amour n'a point de destin qui ne soit malheureux, sauf le cloître et encore contraint-il son esprit d'indépendance qui est extrême. Si la destinée lui permet un rôle masculin, tout change et on a Elisabeth d'Angleterre, une fondatrice d'ordre religieux, une femme faisant œuvre d'homme supérieur, montrant un dévouement incorruptible au roi ou au pape, femme d'état capable de tenir les rênes du pouvoir, parfaite conseillère, et, malgré un amour ardent de la liberté, capable de se plier à la plus dure discipline pour une grande idée une fois conçue ; femme souvent admirable et vénérable que l'intelligence salue, mais que le cœur ne sent pas et qui ne dit rien aux sens, réduite par conséquent aux amours de tête, sans joie et où elle prodigue des trésors d'esprit et d'âme qui ne sont jamais appréciés : telle la Saturnienne.

Grande, osseuse et pâle, elle marche lentement, les genoux pliés, les yeux tournés vers la terre, d'une allure incurablement triste.

Le crâne haut et large, d'un beau galbe, dénonce le développement cérébral ; le front presque carré, se plisse lourdement.

La tête est longue et la mâchoire lourde, surtout l'inférieure qui avance.

Le nez est grand, plat et pointu, très osseux, la narine cartilagineuse et fermée. Les sourcils se relèvent aux extrémités et les pommettes sont saillantes au-dessus de la joue creuse. L'oreille est grande, peu ourlée. La bouche très fendue, à lèvres minces dont l'inférieure dépasse, reste très close et s'abaisse aux coins ; le menton apparent et carré figure la ténacité.

Les yeux noirs à reflet d'eau stagnante sans éclat ont la conjonctive jaunâtre ; ils prennent, dans l'inquiétude et la colère, une acuité très différente de l'état ordinaire.

Les dents parfois doubles dans la jeunesse sont longues avec des gencives très pâles. Noirs et plats, les cheveux se raréfient bientôt. Le cou semble cordé et la pomme d'Adam se détache en saillie.

Le teint est brun et la peau sèche, d'un contact rude.

Les épaules sont hautes et comme remontées, avec des salières visibles et des omoplates détachées.

L'ossature, forte et lourde et peu recouverte de chair paraît partout et les muscles aussi se montrent et soulèvent la peau. La gorge n'existe pour ainsi dire pas chez la Saturnienne, les reins sont droits, la croupe presque absente.

La voix grave et triste n'a jamais d'éclat, monotone, mais distincte.

La jeune fille de ce type a déjà l'air vieille fille et paraît destinée à coiffer sainte Catherine ; future dévote et, dès vingt ans, économe, casanière, fuyant les réunions de plaisir et ne riant pas. Le Ciel n'a pas attribué à la Saturnienne de charmes extérieurs, il l'a douée d'une âme profonde et d'une pensée puissante. Aucun dévouement n'égale le sien ; fanatique en religion, elle l'est en amour et alors accomplit des prodiges de continuité dans l'effort. Ses conceptions peuvent ne pas réussir, car la chance ne lui est pas favorable, mais elles sont toujours remarquables.

Austère et gallicane en religion, rigoureuse aux devoirs acceptés, son esprit pessimiste et sans indulgence voit la vie en noir et sa piété pense plus à l'enfer qu'au paradis. Sa mémoire jamais en défaut confond l'observateur ; elle enregistre le plus petit fait et le retrouve à point nommé ; elle reconnaîtra toujours celui qu'elle a entrevu une fois.

Sa parole sentencieuse, brève, précise, choisit les expressions et les pèse pour ne dire que ce qu'il faut exactement ; impénétrable en ses desseins, elle constitue un adversaire terrible. Mondainement, les réputations dépendent de ses arrêts, elle s'institue camerera major des convenances et grande inquisitrice des mœurs : elle fait peser sur les jeunes femmes une perpétuelle menace de déconsidération.

Sa grave tristesse vient de ce qu'elle n'extériorise jamais ses impressions et garde en son cœur ses peines qui sont vives. Car, si on souhaite toujours la chose impossible, la Saturnienne souhaiterait d'être aimée. Amie, elle sauve l'être affectionné des pas les plus difficiles, et mène à bien l'affaire d'autrui où elle s'emploie ; mais les plus grands services, elle les gâte par sa façon morose et grondeuse qui paralyse l'effusion de la reconnaissance. Méfiante, pleine de précautions minutieuses, elle ne laisse rien traîner, garde ses clés dans sa poche, brûle le moindre papier compromettant et soupçonne *a priori* quiconque l'approche.

Lorsqu'on parcourt la campagne en province, on trouve assez souvent dans le château où le hasard vous arrête, une femme sans beauté, qui vit, même jeune, en vieille fille. Elle vous étonne par l'étendue de son esprit et ses facultés de premier ordre : c'est une Saturnienne. Elle s'occupe d'agriculture, habite un pavillon humide, et se mortifie comme une religieuse avec une foi rationaliste.

Même aux champs, elle s'habille en noir, ne fréquente aucun voisin, s'intéresse surtout à ses arbres et parcourt ses terres sans jamais hâter le pas, comme marchant dans un préau. Les femmes qui ont le goût des mathématiques sont Saturniennes : Madame du Châtelet accoucha en étudiant un traité de géométrie.

C'est la planète de Paganini et des grands instrumentistes ; Wagner est Saturne-Mercure.

L'érudition chez les femmes est rare, mais elle indiquerait encore Saturne, à cause de sa patiente application.

Comme il faut une passion, ce type donne la joueuse acharnée, mais la joueuse à combinaison et qui croit faire sauter la banque par l'effet de ses calculs.

Son appartement a un aspect froid, même si elle est riche, et la mesquinerie paraît aux détails d'économie. Le jour est tamisé jusqu'à rendre obscure la pièce où elle se tient ; l'éclairage suffit à peine, quand elle reçoit. Maniaque pour l'emplacement des objets usuels, s'asseyant dans le même fauteuil toute sa vie, faisant les mêmes choses aux mêmes heures, elle obéit à une régularité claustrale qu'elle s'impose.

Timide dès qu'elle éprouve un sentiment vrai, on ignore souvent qu'elle vous veut du bien, jusqu'à l'événement qui le révèle. Sa pensée en travail veille sur qui lui est cher, prévoit les coups de fortune et sait y parer, quoique fataliste.

La Saturnienne, née dans une position médiocre, ressemble à quelqu'un qui devrait vivre sous un plafond trop bas : ses facultés d'un ordre supérieur deviennent des manies, si les circonstances l'oppriment. Son application prévoyante et réfléchie qui réussira une grande entreprise, devient tracassière, appliquée au compte d'un petit ménage. La savante intrigue de cour, qui changerait un ministère et l'orientation d'un état, réduite à une querelle de dévote, perd tout intérêt.

La Saturnienne, par son intellectualité appartient au genre masculin et dès lors n'a aucun espoir de bonheur avec son corps de femme sans beauté, ni grâce. Cette même méthode, qui produit les meilleurs effets dans une administration importante, échoue au ridicule, réduite à une existence de chef-lieu de canton. Elle déteste la Vénusienne, et le lui marque, même dans une rencontre de salon.

Quand elle collectionne, elle recherche les objets en bois noir, les coffrets de fer, les vieilles tapisseries et les paysages aux tonalités sombres, aux ciels tourmentés au-dessus d'une mare. Adversaire de Mars et de Jupiter, elle apprécie la gentillesse et l'esprit ingénieux de Mercure.

La fable nous dit que Saturne dévora ses enfants et que son fils Jupiter le mutila. Ces deux fictions signifient que cette planète est fatale à ceux qu'elle aime et que son tempérament est le moins amoureux qui soit.

Mais l'affectivité existe, même alors que manque la passionnalité. Michel Ange qui vécut chaste et mysogine eût atrocement souffert d'une défection de son vieux domestique. La Saturnienne si peu expansive a des frissons de sensitive : au lieu de se livrer à l'étourdissement sexuel, elle médite sa tendresse, la pèse, la commente et l'entoure d'une cristallisation de pensées ; il faut qu'elle estime ou qu'elle admire pour aimer, et jamais infidèle, d'une fermeté rare, elle porte son amour comme une relique à travers la vie, souvent sans l'avoir avoué et sans savoir quelle serait la réponse, si elle l'exprimait. Sombre destinée sentimentale que celle-là où le silence est la seule sauvegarde, contre la dispersion du doux rêve !

Cependant, si la Saturnienne veut être aimée et applique son intelligence supérieure à ce dessein, elle le réalise. Elle possède à un point prodigieux cette persévérance qui, lentement fait le siège d'un être, l'isole et enfin le tient à discrétion. En ce cas, elle commence par ruiner ses rivales les unes par les autres, devient la confidente de l'homme aimé, pactise avec ses émotions, favorise même de nouvelles amours, mais ne laisse rien durer et reçoit, après des années, le prix de cette héroïque contrainte.

Sans doute elle sera trompée, mais non pas quittée ; elle garde l'homme une fois obtenu ; qu'elle le domine ou qu'il secoue son joug, elle ne change point d'amour : mais toujours elle devient veuve. N'est-ce pas une atroce pensée de savoir que l'être aimé doit partir d'abord, fatalement !

En amour la Saturnienne n'a qu'à souffrir et par raison elle s'écarte de la passion, consciente que la nature ne l'a pas douée pour ces joies et qu'elle sera sage d'y renoncer.

Pauvre fille qui naît vieille fille et semble destinée au célibat dès l'âge de puberté ! Cette seule considération ne suffirait-elle pas à assombrir une âme ? Dans sa poitrine étroite et plate que de rancœurs se cachent ! Elle ne se plaint pas : elle sait que l'humanité n'a rien à répondre à la douleur, qu'il faudrait rire pour attirer de la sympathie et que le bonheur n'est donné qu'aux heureux.

Celui donc qui saurait préférer une grande âme à une jolie peau, un cœur fidèle et ardent à un beau téton, trouverait en elle une compagne sûre, mais celui-là est rare et ne passe pas au moment opportun.

La vieillesse de cette planète est triste comme sa vie ; ses jambes faiblissent assez tôt ; elle a des varices et la paralysie la menace, souvent elle boîte. Sans souvenir heureux, lourde d'infirmités, il ne lui reste que la dévotion et la conscience de sa valeur méconnue et demeurée inutile, pour son bien comme pour celui d'autrui.

Elle a gardé jusqu'au bout son indépendance et la fierté sauvage de sa nature : son orgueil la console, dans l'isolement croissant des dernières heures qu'augmente encore une avarice invincible. Mais il y a quelque horreur, après une vie d'ascétisme volontaire, à douter et de la vertu et de la religion, et souvent la Saturnienne doute de cet au-delà auquel elle a tout sacrifié !

Son âme d'homme ne quitte pas volontiers ce corps en antagonisme avec ses facultés et qui du reste est laid ; elle a de la peine à mourir ; délire, désespère et présente parfois l'épouvantable spectacle de l'agonie sardonique, à moins que la foi, apaisant sa rébellion, elle se sente délivrée, comme les prêtres et en particulier les jésuites qui collectivement sont saturniens.

Chirognomonie : grande main, doigts très longs et osseux, nœud philosophique très saillant ; médius spatulé à la phalange première ; le pouce semblable.

Chiromancie : Mont de Saturne proéminent et guilloché de lignes ; ligne de chance plusieurs fois soulignée ou barrée dans la plaine de Mars.

Graphologie : écriture bizarre, concentrée et descendante : traits tremblés ; ponctuation négligée, finales filiformes ; le paraphe très caractéristique fait des zigzags de foudre et puis descend : symbole de fatalité.

La Saturnienne (Maléfique)

LA SATURNIENNE
(TYPE MALÉFIQUE)

La cousine Bette de Balzac, en son amour pour Wenceslas, peint complètement le caractère de cette planète maternelle et tyrannique en passion, à la fois déçue, souffrante, et fatale à celui qu'elle aime. Plus jalouse qu'aimante, elle est l'ennemie de l'Amour et le poursuit de ses embûches. L'Arsinoë de Molière, et la terrible Europe des *Illusions perdues*, comme la vieille fille dans un *Cœur Simple* de Flaubert, sont des aspects de la même influence.

D'ordinaire, la mauvaise Saturnienne répond à l'idée que le Moyen Age avait de la sorcière : c'est une âme noire, ulcérée et pleine de vices, avare, vindicative et capable de crime. L'imagination, que n'accompagne aucune sensibilité, se dédie au mal par un mouvement logique de l'égoïsme qui ne voit plus dans les autres que des obstacles à sa volonté. La jettatura rayonne ici sa lueur affreuse : et la tricoteuse, la pétroleuse, les figures de prison et de révolution, la malfaiteuse apparaît, Médée quand elle est reine, Locuste ou cette Hélène Jegado, servante bretonne coupable de trente-trois empoisonnements.

Grande et voûtée, presque bossue ou l'épaule contrefaite, la Saturnienne maléfique traîne ses pieds aux veines gonflées comme s'ils étaient de plomb et heurte ses talons en marchant.

Son regard de myope s'abaisse sans cesse.

La tête est longue, large aux tempes ; le front se hérisse de méplats et de bosses et il s'y forme des plis multiples. Les sourcils épais font ombre sur les yeux petits et enfoncés. Le nez descend en lame de couteau vers la bouche très fendue et fermée par une crispation. Les yeux ressemblent à ceux du crapaud, avec une paupière inférieure développée, et la populace de Naples ou celle de la campagne attribue le mauvais regard à ces yeux-là.

Long et grêle, le cou semble porter difficilement la tête couverte de cheveux noirs d'aspect graisseux. Elle a, même bien mise, un aspect sale qui tient à la couleur plombée de sa peau et à l'odeur nauséeuse qu'elle dégage, quand elle transpire. Elle produit en paraissant une impression d'inquiétude et de malaise : et la méfiance naît à sa seule vue.

Figure taciturne et inquiétante, d'une misanthropie qui ne se dément pas, même aux rapports familiaux, envieuse du bonheur d'autrui et incapable de se réjouir, elle promène autour d'elle le mauvais l'œil de la méchante fée qui parait dans les contes pour corrompre le don des autres. Tyrannique dans l'intimité, impérieuse avec les inférieurs, chicaneuse avec ceux qu'elle emploie, et en cela poussée par l'avarice et l'aigreur du caractère, elle devient vite un être insociable et qui ne peut vivre qu'à l'écart, et sans contact journalier avec autrui. Les bienséances mondaines, ces conventions qui semblent si puériles, sont cependant des conditions de paix et des éléments de tranquillité. Il faut une contrainte mutuelle pour éviter le heurt des caractères et la Saturnienne ne se contraint pas. Elle fera visite pour grogner et dire les plus désagréables choses, elle recevra avec son humeur du moment souvent détestable : bref, elle semble ne point appartenir à la civilisation et représenter quelque tempérament maladif et sauvage.

Les êtres humains se divisent pratiquement en rayonnants ou absorbants ; les uns nous donnent inconsciemment un surplus de vitalité, les autres nous enlèvent quelque chose de notre force. Or la Saturnienne, même si elle ne hait pas, même si elle aime, absorbe, par propriété instinctive, le rayonnement de ceux qui l'entourent : et l'expérience le montre, elle survit toujours à son mari, à moins d'accident. Elle se suicide par l'asphyxie ou en se précipitant d'une grande hauteur.

On a observé des passions contre nature pour des Mercuriennes et qui finissaient tragiquement.

Mais la haine est sa vraie passion, non l'amour ; une haine profonde de ce qui est jeune, beau et amoureux, une haine faite d'envie et d'impuissance. Homme, elle conspirerait contre l'ordre social, femme elle conspire contre le naturel ; c'est la femelle de l'anarchiste et Nietzche a exprimé avec lyrisme bien des pensées amères que roule dans sa tête osseuse la Saturnienne, en face du banquet de la vie où elle cherche vainement sa place.

L'Hypocrisie saturnienne, beaucoup plus tragique que celle de Tartufe, donne les Cromwell, les Marat, et la férocité d'un Habdul-Hamid. Il y a toujours, chez Saturne, de l'intelligence et de la patience, aussi est-il un terrible ennemi, non sur l'heure, mais par la succession des jours. On nomme Saturnales ces fêtes de la démagogie où pendant un moment les esclaves étaient les maîtres.

Cet astre incarne l'individualisme le plus outrancier, le plus menaçant.

Jamais la Saturnienne ne s'avoue ses torts et la part de justice des événements fâcheux.

Constamment en esprit de majesté méconnue, elle amasse du fiel, contre les hommes qui ne peuvent vraiment la préférer à Vénus, contre Vénus qui la fuit avec crainte. De l'ostracisme qui la bannit, elle se fait une dignité et méprise encore, au fond de son isolement, la tourbe humaine et ses passions et ses œuvres.

Au moyen âge, elle pratiqua les œuvres affreuses de l'envoûtement ; aujourd'hui elle intrigue, elle médit, elle calomnie, elle dénonce ; et ainsi elle envoûte aussi sûrement.

Négligée en ses vêtements, ayant peu de goût pour les ablutions, elle ne fait rien afin de diminuer la laideur de son aspect. Taciturne, hantée de soupçons et d'inquiétudes vagues, elle mène une vie mesquine d'habitudes invariables et accomplit le même détail domestique aux mêmes heures, tout le long de l'année.

Une vive passion de la propriété la pousse à des procès qu'elle perd toujours. Son logis sombre et humide d'ordinaire, d'où la lumière est bannie, sent le renfermé et son esprit routinier garde les idées de son enfance et n'est plus susceptible d'en acquérir d'autres.

Elle s'insinue dans les familles et y convoite les héritages de longues années à l'avance, mais une circonstance la frustre du fruit de ses longs efforts : elle ne réussit que le mal qu'elle veut aux autres, incapable de se procurer à elle-même aucun bien.

Comme il y a beaucoup de prêtres Saturniens, il y a nombre de nonnes et celles-là rigoureuses et vraiment mortifiées, mais qui tiennent le bâton abbatial avec une implacable rudesse. La foi Saturnienne est redoutable : c'est la foi du Sanhédrin et de Torquemada : et quelquefois elle se change en blasphème et alors un monstre apparaît. Judas était Saturnien. Or, la mauvaise influence de cet astre donne les traîtres, les sycophantes et les sbires, ceux qui trament dans l'ombre et frappent par derrière. La province cache en ses petites villes d'effroyables drames où la Saturnienne, comme une araignée, tend des fils imperceptibles pendant longtemps, autour d'un être ou d'une famille, et enfin la tue comme une mouche : et cela vaut une haine sacerdotale, comme férocité.

La femme sans amour, au moins dans son passé, est méchante et ennemie de toutes les autres : rien ne la désarme ; car on se console de la misère, de la maladie, on ne se console pas de l'indifférence.

Il faut bien le dire, cette créature si maltraitée par la nature, ne prend de l'importance que par l'effroi qu'elle inspire, puisqu'elle ne peut inspirer d'attraction ; et elle trame de noirs complots pour s'affirmer.

Voyez-là, d'aspect vieillot quel que soit l'âge, de tenue pauvre, malgré la fortune, cheminer d'un pas qui colle à la terre, le dos voûté, les yeux baissés et si visiblement esseulée dans la vie ?

Quelle résignation il lui faudrait pour ne pas sentir son cœur se crisper, en voyant passer des amoureux rieurs ?

Sa souffrance commence sa cruauté, et son intelligence la couronne de résultats effrayants. Artiste de désastres, elle met sa gloire à laisser derrière elle un sillage de larmes et, lugubre vanité, elle se plait à causer le seul frisson que la laideur inspire, celui de l'horreur.

Il ne suffit pas de fuir la Saturnienne comme épouse ou maîtresse : il faut l'éviter même comme relation, même comme rencontre. Digne fille de Iago, elle sait briser dans un cœur le stylet empoisonné du soupçon et baver des calomnies inoubliables.

Envieuse du bonheur, envieuse des biens, elle menace et la paix et la fortune, elle menace même la santé, par sa propriété d'absorption vitale : c'est l'araignée femelle qui dévore le mâle après qu'il a fait son office, mais la Providence l'a marquée de laideur afin que l'homme fût averti.

Chirognomonie : doigts longs, noueux, mal faits, dessus de la main ridé, même dans la jeunesse : seconde phalange du pouce très courte : paume dure, poignet gras.

Chiromancie : Mont de Saturne, mal situé et grillagé ; plaine de Mars compliquée, absence de Mont du Soleil et mont de Vénus plat.

Graphologie : écriture allongée et tassée, embrouillée, avec des accents d'excentricité ; lignes descendantes et lettres irrégulières, quelques-unes épaisses, les autres anguleuses, paraphe en mouvement de foudre et descendant brusquement à pic.

La Marsienne (Bénéfique)

LA MARSIENNE (TYPE BÉNÉFIQUE)

Épouse d'explorateur, de pionnier ou de proscrit, dans des circonstances de lutte physique et d'effort matériel, partout où il est mieux qu'une femme soit un homme, la Marsienne sera incomparable. Mais hors de la forêt américaine à défricher, du maquis où l'on sauve sa tête mise à prix, en temps de paix et en pays moderne, ce type constitue un danger collectif, si son irascibilité ne s'endigue pas sous l'influx d'une autre astralité. La Marsienne *tempérée* correspond à la femme énergique qui élève par son travail seul une nichée d'enfants, se dévoue à un devoir. Son courage ne connaît pas d'obstacle, ni de danger, comme sa violence passe toute borne. Bourrue bienfaisante, brutale affectueuse, héroïque ou féroce, cédant au premier mouvement quel qu'il soit, c'est l'être impulsif dans sa force native. Qu'elle aime ou qu'elle travaille, elle agit en homme, sans grâce, sans ménagements, mais aussi sans mensonge ni arrière-pensée.

La Marsienne est plutôt grande, robuste et d'allure vive, nette, décidée.

Sa tête courte, au front découvert et large, présente un rare développement du cervelet. Les tempes se caractérisent par des veines qui se gonflent et battent à la moindre colère. Les sourcils arqués et drus, se froncent facilement et se meuvent de bas en haut, avec un mouvement de paupière. Le teint est d'un rouge brun qui se fonce encore aux oreilles. Le nez haut et en bec d'aigle se recourbe et finit en pointe ; les narines dilatées palpitent facilement.

L'œil est grand et hardi, avec un cristallin injecté. Dès qu'elle vous parle, elle vous fixe comme un tireur son point de mire, mais sans cligner.

Chez elle, il n'y a pas de transition entre la pensée et l'acte. Les lèvres minces et serrées, rageuses, ferment une grande bouche. L'inférieure, plus épaisse et plus rouge, fait une moue animale et donne une expression d'humeur même au repos. Les dents courtes et larges, solides, d'un émail jaunâtre, font penser à celles du loup. Le menton se retrousse en galoche et les oreilles, de petit format, s'écartent de la tête, bien modelées, mais dures et sombres de couleur.

Quelquefois crépus ou frisés, épais et durs, ses cheveux affectent un ton ardent ou très roux. Le cou court est très fort, rouge et fortement veiné.

La poitrine très large et très bombée a les seins ronds et durs, mais d'une surface étendue qui les fait ressembler à des pectoraux développés.

Les reins se cambrent fortement, la jambe sèche et musclée a la détente brusque du soldat ou du routier.

La voix rude étonne chez une femme et l'assurance de sa démarche la préserve d'être suivie et accostée. L'homme le moins observateur, fût-elle troussée jusqu'au-dessus du genou, ne se hasardera pas à lui parler. Il aura la prévision du soufflet.

Elle donne une forte poignée de main à l'anglaise, mais salue à peine. Son abord est franc, sans grâce : il est difficile de marcher avec elle dans la rue, car elle va vite et pousse les gens pour ne pas se déranger. Les altercations lui plaisent et selon son monde qui décide du choix des mots, elle est différemment, mais toujours insolente.

Ce qui rend les rapports étranges avec elle, c'est l'absence de pudeur et de crainte.

Elle va au-devant de la galanterie et l'arrête par un « non » énergique, un non sans trouble et qu'elle ponctuerait facilement avec ses poings. Ce n'est plus la faible femme, tremblant d'être seule avec un homme : elle est très sûre de ne faire que ce qu'elle voudra et s'expose sans crainte au tête à tête.

Elle ne connaît au reste aucune peur, pas même celle de minuit. Son courage où se mêle de la gloriole ne perd pas l'occasion de paraître : s'il y a un sinistre, elle se dévoue ; son mouvement, noblement instinctif, est d'intervenir en faveur du faible : et parfois son arrogance prend les beaux airs de la chevalerie. Elle ne laissera pas frapper un enfant, mais si elle est en colère, elle frappera à son tour et aveuglément. Sans domination sur elle, la moindre parole malsonnante l'enfièvre jusqu'à la fureur.

Dans l'intimité, elle bouscule, elle casse et détruit, même sans humeur, par des mouvements brusques et imprévus.

Elle n'use pas ses vêtements elle les tache, déchire sa robe et troue ses gants., incapable de coudre et de faire un ouvrage de femme. Sans patience, à ce point qu'elle ne pourrait faire répéter sa leçon à un enfant ; et sans respect aussi, elle ne supporte pas la réprimande des parents et rien n'arrête sa colère quand elle a le sang en mouvement.

Grande mangeuse et de viandes grillées, ayant souvent soif, elle tient tête aux plus belles fourchettes. L'art lui est tout à fait indifférent ; elle n'aime du théâtre que les pièces à spectacle, mais elle assiste aux luttes, aux assauts d'armes, au concours de gymnastique ; faute de courses de taureaux, elle suivra avec passion des combats de coqs ou de cailles. Sa toilette affecte des couleurs vives et surtout des rouges : le bleu l'ennuie, ses chapeaux sont surchargés de plumes, de panaches, et un de ses luxes préférés est celui des fourrures, soit sur elle, soit autour d'elle.

Son amour est redoutable : il s'exprime comme une attaque. Elle prend l'homme qui lui plaît, littéralement, et c'est toujours un efféminé qui ne pourrait lui résister matériellement, un Vénusien d'ordinaire. Sa jalousie fait peur ; elle peut tuer, dans un accès de rage : Othello est un Mars. Mais elle défend l'être aimé au risque de sa vie et s'expose aux plus réels dangers par galanterie. Fidèle à l'infortune, généreuse dans la prospérité, la Marsienne a l'âme magnanime et le sentiment très vif de la dignité. Elle se vante et méprise facilement, il faut qu'elle ait raison et sa façon de discuter consiste à élever la voix ou à casser un objet. Elle ne ment pas : sa combattivité se plaît à moucher les gens, à leur dire leur fait, à river leur clou. Sa menace revient perpétuellement sur ses lèvres à la moindre contrariété.

Siegfried, de Wagner, qui fait si bon marché de sa vie est un Mars.

Même appartenant au grand monde, elle aime la musique militaire, la fanfare, assiste aux revues et aux courses.

Le spectacle de la force ou de l'adresse physique la grise. Être de guerre, mal à l'aise dans la condition moderne, elle rêve aux époques d'épée où chacun se faisait justice soi-même. Intrépide voyageuse, elle supporte les privations et la fatigue du désert et se risque volontiers dans les régions inexplorées, poussée autant par l'attrait du danger que par l'amour de la renommée.

Dans le peuple, elle ira au café, à la foire ; traînera parmi la foule, très amusée par les fêtes publiques. Prodigue, sans souci du lendemain, elle donne à ses amis, prête sur parole sans reçu, et leur rapporte beaucoup de cadeaux à chaque voyage qu'elle fait.

Elle a parfois une belle voix de contralto, mais ne chante pas en mesure.

Elle se marie tard avec un Vénusien qu'elle comble d'attention et qui peut tout attendre d'elle, s'il évite d'exciter sa jalousie et ne donne pas occasion à son irascibilité de s'exagérer.

Dès que le soupçon l'atteint, elle se change en fauve blessé et rugit dans des rages inexprimables : car toujours elle a provoqué l'homme, en une inversion des rôles normaux. Épouse-t-elle, Marsienne un Mars, elle le domine d'une façon publique et ridicule.

Comme chez les araignées, le Mars est toujours dévoré par la femelle, s'ils sont du même type, la faculté absorbante de la femme agissant même à son insu.

Les invasions lui donnent l'occasion de s'illustrer, patriote intrépide, elle aime la terre où elle vit et la défend furieusement. Se trouverait-elle, par hasard de voyage, dans une ville subitement investie, elle irait au rempart et se battrait par élan de combattivité. Elle prend fait et cause dans les disputes les zizanies et rivalités et généreusement préfère le parti du plus faible. Il y a du Mars dans *Don Quichotte*, comme dans ceux qui ne s'expriment que par l'action.

L'islam n'a pas cessé depuis les Croisades de combattre la civilisation chrétienne et le dernier mot de ce grand conflit est loin d'être dit. Car l'islam incarne la nature martiale qui manifeste sa croyance par le glaive. Selon la loi de complémentarisme, le musulman exige de la femme une passivité animale et l'enferme loin de la vie. La Marsienne aime les hommes petits, doux et tranquilles qu'elle a l'impression de protéger et pour lesquels elle se ruine aisément.

Elle voit dans un tableau la scène, l'anecdote, ne lit que le roman d'aventure, le récit de chasse ou de voyage ; elle feuillette volontiers une histoire du costume et s'intéresse aux collections d'armes.

S'il arrive que la Marsienne tourne à la dévotion, elle portera la haire, se donnera la discipline : dame ou sœur de la charité, surtout ambulancière, elle fera des prodiges. Sa religiosité comme ses autres sentiments se manifeste par l'énergie et la mise en œuvre : elle agit comme elle pense. Sa conviction a la force d'un instinct et l'intolérance accompagne toujours son opinion. Judith et Débora étaient Marsiennes : la Grande Demoiselle appartient plutôt à l'intrigue et à la conspiration qu'à la guerre : et on ne peut citer de type complet que masculin. L'Achille d'Homère avait une large poitrine et la chevelure rouge.

On dit en langage familier : « voir bleu » pour désigner une défaillance heureuse, même amoureuse : « voir rouge » exprime cette colère homicide qui se lève si vite au cœur et frappe avec instantanéité.

La Marsienne ne vit pas longtemps : ce privilège échoit à Saturne ; et sa mort brusque par accident, blessure, apoplexie ou congestion au cœur, revêt un caractère de fatalité.

On trouve dans un ancien traité que ce type aime les cerises, ce qui s'explique par une propension aux maladies de vessie que l'infusion de queues de cerises soulage. La Marsienne ne subit pas la hantise du mystère et n'a aucun goût pour la science occulte : fataliste, elle ne songe qu'à la réalité et quoiqu'elle exagère les injustices subies et s'estime toujours méconnue, elle éprouve souvent des mécomptes.

Ses ennemis sont nombreux et tenaces ; elle blesse si souvent et si injustement même celui qu'elle aime, et le dévouement des moments critiques ne compense pas son humeur ordinaire despotique et brutale.

L'amour maternel est toujours héroïque chez la Marsienne ; épouse, elle défend son foyer matériellement. Quoiqu'elle se marie tard, elle est souvent infidèle et d'une infidélité basse, née de la circonstance et d'un vertige momentané. Le désir lui vient parfois subit comme la colère et comme il n'est pas en son pouvoir de se réprimer, elle prend l'homme qui lui fait envie et sur l'heure. Avec son amant, au contraire, elle montre autant de constance que de jalousie et, malheureuse, elle persécute par son humeur inquiète et l'impétuosité de ses impressions. Les scènes qu'elle fait ne finissent pas sans des coups et parfois des blessures : elle a la gifle facile et lance ce qu'elle tient à la tête. Il faut la fuir, ainsi que la Saturnienne, à moins d'être aventurier, et de l'entraîner dans une vie d'efforts et de dangers où son énergie sera employée ; là, elle devient un fidèle camarade, dévoué jusqu'à la mort : mais dans la vie ordinaire, elle ne représente que du trouble et du drame.

Chirognomonie : La main est dure avec des doigts forts, très épais à la troisième phalange et rouges à muscles saillants. La première phalange du pouce, qui indique la volonté, est beaucoup plus développée que la seconde ; ongles courts, doigts spatulés.

Chiromancie : Le mont de Mars est le plus élevé et la plaine de Mars fortement rayée en tous sens.

Graphologie : Écriture gladiolée : barre des T en massue, avec des pleins brusques et pâteux : mouvement vif en coups de sabre et crochets à la fin des mots, ponctuation lourde et brusque qui ressemble à des taches.

La Marsienne (Maléfique)

LA MARSIENNE
(TYPE MALÉFIQUE)

L'être qui a des facultés contradictoires à son sexe, représente du désordre et du danger et ne connaît ni la paix, ni le bonheur. Saturne et Mars donnent à la femme l'intellectualité et l'énergie, mais l'intellectualité abstraite et l'énergie brutale, et ces dons la vouent à l'infortune et à jouer des rôles néfastes. Que dirait-on d'un métaphysicien désigné pour les mille soins de la maternité ou d'une nature de tigre affectée à la fonction de consolatrice et de pacifiante ? Cela donne une faible idée de l'antinomie foncière existant entre Mars et la féminité. Heureusement, personne n'appartient à une influence exclusive, les planètes secondaires modifient la principale. Il ne reste pas moins chez la Marsienne, un penchant au meurtre et une irrémédiable insociabilité. Les assassins portent le signe de cet astre et dans un sens figuratif, les bouchers, les équarisseurs, ceux qui versent le sang, et même les chirurgiens. Tel grand opérateur a les traits martiaux, mais combinés avec Mercure.

La mauvaise Marsienne a aussi la tête courte, mais ronde : le front bas et fuyant à sourcils broussailleux, d'où jaillit un regard de bête sauvage, étrangement fixe et menaçant. Le nez aux narines ouvertes est court et carré au bout : la bouche consiste en une longue fente presque sans lèvres ; les cheveux hirsutes sont roux et des taches de rousseur pointillent toute la face. Des épaules de paysanne lourdes et hautes, des épaules de galérien, comme dit le peuple, avertissent de sa force redoutable. Les seins sont inélégants, mais saillants, et les bras dignes d'un homme. Elle balance les épaules en marchant et instinctivement tient les poings fermés. Le ventre est fort et les jambes solides et vilaines de dessin ; les pieds sont larges et longs comme les mains. Elle crie plus qu'elle ne parle ; son aspect est tellement sinistre que, même sous la lueur indécise d'un réverbère, elle fait hâter le pas au passant. Cet être d'effroi, destiné à la cour d'assises, déborde d'un orgueil démesuré.

À l'âge mûr, elle ressemble parfois à Polichinelle, le nez et le menton tendant à se rejoindre, forment casse-noisettes ; la trogne est enflammée et le teint rouge brique avec des yeux cyniques et une allure de provocation.

Née dans le haut monde, elle chasse à courre et de préférence le sanglier, l'ours, les bêtes dangereuses ; elle aime les chiens et les chevaux et ne peut souffrir les chats, même elle les tue.

Elle vit beaucoup à l'écurie, familière avec les valets et quelquefois obscène, jurant et sacrant d'une voix rauque et sans souci de sa réputation, ni du nom qu'elle porte.

Ne pouvant se contraindre, elle fuit le monde ou descend de son rang social, et alors mène une vie d'indépendance grossière, aux rencontres déplorables. Par son entêtement à l'emporter sur les autres, à être la première en tout, elle va démesurément loin dans l'orgie et propose et accepte des paris insensés, de boisson, de mangeaille ou de paillardise. Un défi lui ferait risquer sa vie, par orgueil, même en face de gens qu'elle ne connaît pas.

Les femmes de foire, lutteuses, vendeuses d'orviétan, charlatanes, sont Mars ou Mercure. Mars quand elles ont le teint couleur de brique et font des tours de force ; Mercure quand leur métier requiert de l'adresse et de la souplesse ; mais les deux planètes excellent au boniment et à empaumer le public, Mercure par l'insinuation spirituelle, Mars par l'autorité et la véhémence du débit.

Dans le rassemblement qui se forme autour d'un blessé ou d'un écrasé, on remarquerait, si on pouvait détacher ses yeux du patient et les promener sur la foule, deux types assez semblables d'aspect et bien différents d'expression. L'un s'empresse, relève le blessé, s'ingénie à le transporter, utile, serviable plutôt qu'ému : c'est le bon Mars peu tendre, mais s'employant à soulager. L'autre regarde avec une curiosité immobile et se réjouit intérieurement, par perversité, et celui-là est le mauvais Mars.

Comme l'eau vient à la bouche du gourmand Jupitérien à la description d'un repas succulent, comme la Vénusienne a des frissons en écoutant une histoire d'amour ou une évocation de volupté, la Marsienne éprouve un détestable plaisir aux catastrophes, aux désastres, aux relations de supplices et de cruauté. Les détails que donne le journal sur les crimes, la fascine : ce sont des leçons qu'elle prend à cette lecture. Le Chourineur, d'Eugène Sue, qui tue mais ne vole pas, est un Mars ; le Vautrin de Balzac ne relève que partiellement de la planète brutale, car il est maître de lui et théoricien, facultés venant de Mercure et de Saturne.

Ayant dit que, sous la bonne influence, la Marsienne obéissait à son impulsion, on comprend que sous le mauvais regard de l'astre, elle vit, à l'état de criminelle immanente, puisqu'il suffit qu'on gêne sa marche pour être frappé sans miséricorde. Elle se précipitera sur sa rivale, même en public, et au bas de la société elle manie le couteau et le bol de vitriol. Elle agit ce qu'elle sent et elle sent avec férocité : tigresse humaine, elle promène, à travers la vie, la menace de sa haine et de son amour qui se ressemblent fort. Sa sollicitude constitue une persécution : elle exige militairement ce que la grâce se fait offrir. Mégère et virago, elle jouit du sentiment qu'elle inspire, en exagérant son sans gêne et sa tyrannie. Déraisonnable, elle exige de son mari ou de son amant des marques d'obéissance extérieure et l'humilie par plaisir : s'il est une question qui navre son conjoint, elle la reprendra à chaque scène et elles sont fréquentes pendant tout le cours de la vie. Elle se plaît à la souffrance morale comme à la douleur physique. Sa planète est celle des Sadiques, de ces monstres qui cherchent la volupté dans la torture d'autrui.

Action au sens maléfique, s'écrit destruction.

La Marsienne détruit ce qu'elle touche au propre et au figuré : elle déprave son entourage, zélatrice de la débauche et de l'indélicatesse, elle saccage les jardins, salit les meubles, ébrèche la vaisselle et fait des ruines avec les grandes et les petites choses. Il y a toujours dans sa vie des matières à tribunal, et si la prison ne la voit pas, c'est concours de circonstances et non modération de ses instincts.

Les criminalistes versent aujourd'hui vers un sentimentalisme puéril qui éclate dans la question des assises « y a-t-il eu préméditation ? »

Menacée par des bêtes fauves et féroces, la société a-t-elle le droit de se défendre ? Si oui, pourquoi rechercher si l'être dangereux a commis son attentat après réflexion ou bien par détente de son instinct ? La Marsienne serait donc une irresponsable, puisqu'il n'y a pas de transition entre son impression et l'acte et qu'elle tue à l'instant où elle dit « meurs ! »

Il en est de même, pour les passions fortes des autres planètes. Que le mobile soit médité ou qu'il surgisse de la circonstance, nul de nous ne résiste à une certaine tentation qui incarne notre fatalité.

Quand la Marsienne a pour amant un Mars, il sort de cette union, quelque horrible chose de sang et de boue. Heureusement qu'elle est souvent stérile, comme la Saturnienne ; sinon la vie sociale, verrait luire bien des couteaux au coin des rues.

Pour voir la Marsienne maléfique il faut, ou suivre les exécutions capitales ou visiter les prisons centrales ou avoir flâné un jour d'émeute. On aperçoit alors, comme des crapauds après l'orage, des femmes d'un aspect presque formidable ; et on se demande, où elles se terraient avant cette heure de révolution, qui leur permet de paraître au grand jour. Le voyageur hardi qui se risque dans les ports de mer : Brest, Marseille, Port Saïd, jusqu'aux bouges de la basse prostitution, aperçoit, en fonction de prêtresses de joie et de plaisir, des femmes si effrayantes que l'idée d'un tête-à-tête glacerait le sang d'un homme courageux et le glacerait non de dégoût, mais de crainte.

L'œil luit comme un couteau ; le bras a le balancement d'assommer, on dirait que la bouche va mordre. Or, la femme qui par son aspect donne l'impression du danger matériel dépasse certainement son identique masculin en noirceur.

Toutefois, l'intérêt empêche les gens du monde de révéler leur perversité ; l'abrutissement aussi maintient ceux des bas-fonds dans une horreur moyenne.

L'obscénité, cette brutalité sexuelle étant caractéristique de la Marsienne, elle a le goût des débauches nombreuses, des orgies en masse qui dégénèrent en pêle-mêle sale mêlé de pugilat. La Marsienne se bat, avec les différences du rang social où elle est ; bien née, elle jettera son éventail à la tête de son mari, ouvrière elle le frappera avec la bouteille.

Elle est femme à renverser la table toute servie sur les convives, mais son plus vif plaisir sera d'occasionner des duels ou des querelles, de faire croiser des épées ou des couteaux en son honneur, éveillant la jalousie des gens tranquilles, tisonnant les ombrageux, faisant le mal comme les croyants font le bien, en toute occasion et avec zèle.

Elle ne pleure pas, sauf de rage, quand son mauvais génie se trouve réduit à l'impuissance.

Sans cesse, elle guigne l'homme d'autrui pour l'enlever, sans même le désirer.

Une seule Marsienne dans un groupe fait des ravages incroyables, elle suffit à infester une maison nombreuse ou une coterie.

La Marsienne lutte contre son sexe, contre la morale et la société, provoque et irrite même ceux qui lui ressemblent.

Femme, elle est plus brutale qu'un homme ; non contente de braver la morale en son privé, elle l'insulte au grand jour et menace la société par un caractère de malfaitrice. Aussi ne trouve-t-elle sa place que dans l'enfer social où grouillent les brigands et les filles perdues.

Les excès lui donnent des maladies affreuses, des fièvres chaudes et d'atroces douleurs de bile, la jaunisse et même les ulcères.

Parfois son corps se couvre de pustules.

La mauvaise Marsienne a une voix semblable à celle des animaux en rut, bredouillante et criarde, et chez elle la volupté et la cruauté se mêlent et se manifestent ensemble comme chez les fauves. On dirait que cette astralité impose à ceux qu'elle regarde un retour à l'état primitif où l'homme, non encore évolué, devait, en attendant l'intelligence, lutter d'instinct avec la bête.

Ce qui plaît à Vénus dans Mars, c'est le chevalier, le héros, et non l'homme de courage inconscient qui combat ce qui se trouve devant lui, sans voir, ni juger.

La Marsienne adore en Vénus son antithèse, l'homme efféminé : mais l'homme Vénusien n'a pas de valeur morale. Comme la Saturnienne, elle est sans charme et on peut dire de ces planètes :

*Oncques ne verrez
Bonnes amours d'icelles.*

Chirognomonie : Main courte et large et rouge ; presque une patte, d'un mouvement qui inquiète. Le pouce en bille signale l'assassin ainsi que l'extrême largeur de la paume très dure.

Chiromancie : On trouve des croix dans la plaine de Mars. La ligne de cœur peu marquée et courte décrit une courbe descendante pour joindre la ligne de tête. La vitale profonde et sanglante s'arrête brusquement.

Graphologie : Écriture inégale, grasse, laide, désordonnée, à angles aigus et à jambages en forme de glaives.

ÉTUDE DES TYPES COMPOSÉS

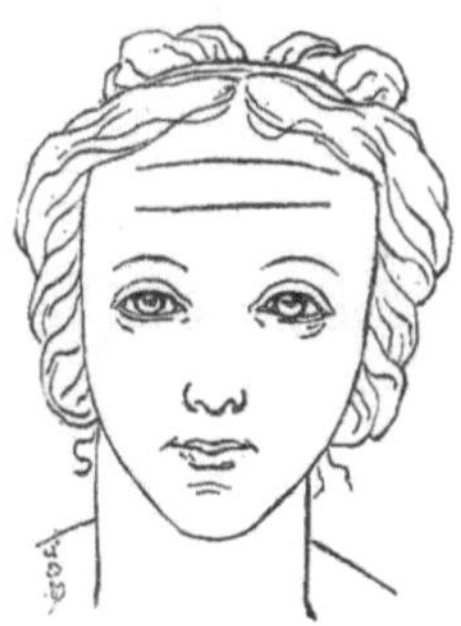

Le lecteur a éprouvé une véritable difficulté à appliquer aux femmes qu'il connaît et fréquente, le double signalement physique et moral, que nous avons donné, pour chaque planète, en bonne et mauvaise influence.

Ces portraits ne sont pas des personnes, mais des personnalisations. Il fallait accumuler les traits de chaque astralité au point de l'exagérer, plutôt que de laisser de l'indécision dans la peinture.

On donne les sept couleurs du prisme avant de montrer les nuances qu'elles peuvent former : on enseigne les sept notes de la musique avant de montrer comment elles se combinent. Les sept types en double épreuve, de lumière et d'ombre, forment la gamme du planétarisme.

Maintenant, il convient de poser ce principe, que personne ne reçoit une unique influence.

On a toujours une planète secondaire, voire une tertiaire ; et elles se modifient, les unes par les autres.

Une analyse consiste à déterminer les éléments constitutifs d'un corps et la proportion de chacun d'eux.

Qu'on se figure sept substances morales, susceptibles de mixtures entre elles, et produisant par leur combinaison des composés à double, à triple, à quadruple éléments.

En outre des planètes qu'on pourrait dire personnelles, l'individu reçoit, en bon ou en mauvais regard, l'influence astrale de son pays et de sa profession.

Le Français était au XIXe siècle, Mercure-Mars. Cette dernière planète a perdu beaucoup d'action sur notre race ; mais la première rayonne toujours sa vivacité inventive, son art de la mise au point, son goût sûr, qui va du Beau à la mode et assure encore à Paris le premier rôle de la civilisation.

L'Italien, sublime autrefois par la vertu du Soleil et paresseux au nom de Vénus, dépend beaucoup de Mercure s'il est Piémontais, et de Saturne s'il est romain.

L'Allemand à la fois poétique et lent, rêveur et matériel, abstracteur et grand mangeur, hautain et obéissant, montre la combinaison de la Lune et de Saturne.

L'Anglais, par son home, sa façon de recevoir, son esprit de tradition et son orgueil, est Jupiter : par sa ténacité implacable et cruelle, il est Mars.

Le Russe qui oscille entre l'ingénuité d'un enfant et l'audace de l'énergumène, fanatique de l'autorité ou nihiliste : Lune et Mars.

L'Espagne offre la combinaison de Vénus et de Saturne : Vénus y est cynique et Saturne s'appelle Philippe II. L'amour tue et la foi torture ; tout y est sombre, la prière et la volupté.

La profession impose son empreinte sur l'individu quel qu'il soit : les gens de robe relèvent de Saturne mais plutôt les magistrats ; les avocats dépendent de Mercure.

Jupiter domine les rois et les fonctionnaires ; le Soleil, les artistes ; et la Lune, les poètes. Les gens d'affaire appartiennent à Mercure, et ceux de plaisir à Vénus

On pourrait distribuer aux sept planètes les péchés capitaux, mais Saturne, Soleil et Jupiter sont également orgueilleux, chacun d'une façon différente.

En bonne influence, l'amour de Saturne est profond, chaste, durable et cérébral ; l'amour du Soleil, sans songer à recevoir, manifeste le plus désintéressé des cœurs. L'amour de la Lune échappe aux spécifications, il prend les formes les plus variées et surtout il change l'amour de Vénus, amour sans mélange de vanité, ni d'intérêt, veut une réciprocité exacte de sensations et de sentiments ; l'amour de Mercure ressemble à une affection fraternelle, et celui de Jupiter a un caractère raisonnable et pondéré, tandis que celui de Mars atteint la frénésie.

Qui n'a remarqué le sauvage effet des caractères entiers, manifestant l'excès d'une qualité ? L'économie alors se change en avarice, la rectitude de conscience pèse sur les autres, intolérante et dure. Saturne et Mars, types irréductibles, sont insociables.

Chez la femme qui exagère par tempérament, une tendance unique produirait une monomanie et la Vénus monomane s'appelle nymphomane. L'unique passion, analogue à l'idée fixe, met l'individu hors de la norme : ce n'est pas un homme bon ou mauvais, supérieur ou médiocre, mais un malade qui ne présente plus aux événements de la vie qu'un front de bélier.

Le charme féminin et son action bienfaisante dérivent d'une impressionnabilité spéciale, qui le met en contact avec les êtres les plus différents et lui permet de sentir les émotions les plus variées.

Une monotonie un peu lassante résulte chez la Vénusienne de son exclusive préoccupation de l'amour. En dehors du désir qui l'agite, elle se pelotonne dans ses souvenirs et dédaigne de prendre une part active à la vie journalière ; à moins que l'influence jupitérienne ne vienne tempérer son absorption amoureuse et la rende attentive et intéressée aux choses ordinaires.

La Vénusienne ne supporte pas la solitude, faute d'une imagination vive ; il faut que l'être aimé soit toujours là. Cette exigence se corrige, lorsque la Lune intervient, développe la faculté de rêver et calme l'ardeur inquiète des sens.

En dehors de son bon et doux cœur, la Vénusienne n'apporte pas grand secours à la vie matérielle du ménage. Elle est résignée aux embarras, fidèle dans l'infortune, mais si Mercure l'influence, au lieu de pleurer et de compatir, elle s'ingénie, elle trouve et sauve la situation, rétablit la paix dans l'existence.

Celui qui chercherait une Vénus-Vénus, risquerait fort de ressembler à ce prince oriental, qui, ayant fait le portrait de la femme qu'il rêvait, ordonna d'aller par le monde, à la recherche de cette beauté imaginaire ; malgré le zèle des émissaires, on ne put trouver dans la réalité, ce que l'imagination avait conçu. À chacune de celles qui paraissaient réaliser l'idéal du prince, il manquait quelque chose, ou bien les plus belles différaient du tableau, par les proportions ou le teint : l'apologue ne dit pas, s'il resta chaste par fidélité à son imagination, où s'il cessa d'exiger que la vie reproduisit le rêve. Il faut croire qu'il suivit ce parti, le seul vraiment sage.

En physiognomonie, celui qui commence à observer, ne trouve d'abord aucun visage qui porte clairement la signature d'une planète. L'une a le teint rosé de Jupiter, avec le nez long de Mercure ; l'autre montre le nez busqué de Mars et les yeux ronds et vagues de la Lune. Il faut apprendre à lire les doubles influences.

Sur sept planètes, il y en a cinq qui sont mâles, et deux seulement féminines.

Ces deux-là, manifestent donc les deux natures essentielles de la femme et doivent être examinées chacune en ses mélanges, avec les cinq mâles et l'autre femelle. Ce parti paraîtra rationnel à tous : il a le mérite de simplifier l'observation. Toute femme a pour base la sensibilité ou l'imagination. Elle est Vénusienne ou Lunarienne, par son sexe. L'autre planète viendra comme un adjectif à côté d'un nom, pour le qualifier.

Le lecteur pourra maintenant retrouver les femmes qu'il fréquente, dans ces figures moins synthétiques et plus rapprochées de la réalité vivante. Entre une Lady Macbeth et une Saturnienne, entre une mauvaise Vénusienne et Lady Hamilton, entre Sapho et une Solarienne ; entre une Lunarienne et Marie Stuart, il y a un abîme, celui qui sépare l'exception du collectif, — l'héroïne de la simple femme.

Ayant donné le type pur de chaque planète dans la première partie, nous n'avons pas à reparler d'elle, mais à étudier les sous-types qu'elle forme, en se combinant avec les autres :

Vénus — Jupiter
Vénus — Soleil

Vénus — Lune
Vénus — Mercure
Vénus — Saturne
Vénus — Mars

C'est-à-dire, suivant la destination sociale :

La reine, la grande dame, la maîtresse-femme.
La femme artiste et généreuse et idéaliste.
La religieuse, la mystique et la dévouée.
La femme de tête, diplomate et pratique.
La Sainte et la fondatrice, la matrone.
L'énergique faisant l'effort masculin.

Ensuite nous étudierons les sous-types de la Lune :

Lune — Vénus
Lune — Jupiter
Lune — Soleil
Lune — Mercure
Lune — Saturne
Lune — Mars

C'est-à-dire suivant le milieu d'existence :

L'amoureuse.
La mondaine excentrique et tapageuse.
L'incomprise.
La femme d'intrigue.
La fanatique et la sorcière.
L'irascible et la perverse.

L'art de la physiognomonie consiste à démêler la signature juxtaposée ou superposée des types primordiaux.

Les figures que nous reproduisons ne donnent que des types composés ; l'artiste se garde bien, par instinct sinon par réflexion, de dessiner un type simple : la beauté y perdrait trop ; le trait deviendrait caricatural.

Or, ayant entrepris d'étudier la femme, nous ne pouvons, sous prétexte de précision et d'exactitude, présenter des physionomies déformées systématiquement, et où il n'y a plus de féminité, mais quelque chose qui tient de la charge et de l'humour ?

Il faut se fixer d'abord sur ce que représente chaque astre.

Vénus, est l'amour et la volupté.
La Lune, est le rêve et la poésie.
Le Soleil, est le génie et la gloire.
Jupiter, est l'autorité et le succès.
Mercure, est l'argent et l'ingéniosité.
Saturne, la pensée et la solitude.

L'amoureuse, la rêveuse, la géniale, la grande dame, l'intrigante, la solitaire et l'active constituent les rôles de la vie féminine : mais on ne rencontre guère que des types mélangés. Vénus est charmante mais n'a pas d'autre conversation que ses confidences ; Mercure la rendra spirituelle et lui donnera la répartie, le mot vif et l'élocution brillante, elle sera citée comme causeuse. La Lunarienne incapable de s'occuper de son ménage peut recevoir l'activité par l'influence de Mars et aimer les enfants, si Jupiter la modifie. Également la Saturnienne sera douce et résignée en sa tristesse, si la Lune vient dissoudre sa bile.

Vénus ajoutera donc au type dominant une sensibilité vive ; le Soleil donnera de la dignité, de l'altruisme, un sentiment du noble et du bien, même à Mars ; la Lune en développant la vie cérébrale, calmera les natures trop brutales et impérieuses. Toute tendance recevra de Mercure l'art de réaliser, le sens pratique et l'habileté manuelle.

De même, Saturne distribue la réflexion et la prudence aux divers types et corrige les coups de tête de Jupiter, les coups de force de Mars, les coups de cœur de Vénus, les coups de nerfs de la Lune.

Comme la seconde planète modifie les défauts de la dominante, elle peut les aggraver.

La Saturnienne maléfique, qui a le mauvais œil, devient très redoutable, si elle a Mercure en autre influence.

Elle projette sa noire envie avec une habileté qui la rend plus malfaisante encore. Mars venant à remplacer Mercure, la même femme montrerait une activité incroyable à mal faire.

Au sens maléfique la Lune rend Vénus inconsciente et dépravée. Le Soleil lui inspire une vanité insupportable et des prétentions ridicules.

Jupiter la rend tyrannique, ambitieuse, cherchant à dominer et à s'élever par tous les moyens ; Mercure la fait vénale et de mauvaise foi en affaires, tricheuse au jeu ;

Saturne la rend misanthrope, rancunière ; et Mars la vulgarise et la pousse vers les amours brutales et vulgaires qui encanaillent.

Naturellement l'aspect change, en même temps que l'intériorité, et un type mixte présentera les signes combinés des deux astres.

La Saturnienne-Jupiter aura la peau blanche mais sans éclat ni fraîcheur : elle sera grande, non pas maigre.

La Saturnienne-Soleil, à tous points bienfaisante, prodiguera ses efforts pour une idée humanitaire : elle aura les traits beaux et tristes, le teint jaune clair et quoique lente de mouvement ne manquera pas de grâce ; ses cheveux châtains seront frisés.

On saisit plus commodément les nuances de la psychologie que celle de la forme. Dites une âme moyenne et vous serez compris, tandis que « le nez moyen » ne représente rien à l'imagination. Les traits ne frappent que par leur accusation. Une Mercurienne à tête longue, à long nez, à grand menton, à l'œil vif, verra son nez devenir aquilin et son menton se retrousser avec Mars ; Saturne la maigrira, lui élargira la mâchoire et lui élèvera les épaules ; Vénus lui rafraîchira la peau et le Soleil la dorera.

Une remarque toujours vérifiée, c'est que le manque d'harmonie dans des proportions, indique à la fois du vice et du malheur. Les exagérations d'un trait expriment un excès dans les facultés. Les doigts trop pointus ainsi que les nez, révèlent les menteuses, les Mercuriennes ; et les nez épatés, les étourdies et les imprudentes (Mars et Lune).

L'influence bénéfique s'aperçoit au premier coup d'œil par une sorte d'unité qui règne entre tous les membres, et une égalité de la coloration. Au contraire, les disparités annoncent le malin regard de la planète. Un nez droit et bien dessiné dans la face ronde d'une lunarienne, ou une petite bouche avec le teint terreux de la Saturnienne, ou encore une Vénusienne à grand nez doivent inspirer de la méfiance, comme de jolies mains avec un poignet lourd et une forte gorge avec des épaules petites.

Pour se former un goût un peu sûr en critique d'art, on doit éduquer l'œil et l'habituer à voir d'une façon judicieuse ; de même, la vision psychologique du visage ne se développe pas tout de suite, d'après la lecture d'un manuel. Les formes humaines sont d'un déchiffrement pénible et l'habitude seule permet de les interpréter rapidement.

Combien de fois s'est-on trompé, dans la vie, sur une femme, sur un ami, et cependant on le voyait agir, on l'entendait parler ?

Il est vrai que, se basant sur l'impression instinctive, qui souvent n'avertit pas, on regarde sans voir et on écoute sans entendre.

Le meilleur, le seul moment pour juger un être est celui où il nous apparaît pour la première fois : notre curiosité surexcitée peut alors, vraiment perspicace, dévisager jusqu'à l'âme.

Sitôt que nous sommes accoutumés à lui, nous le sentons sans critique ; ses manières agissent magnétiquement et notre clairvoyance s'éteint.

L'observation est une faculté qui se cultive, comme une autre. Il faut s'appliquer pour obtenir le moindre résultat. Bien puéril serait celui qui se promettrait d'être physionomiste à l'occasion, sans une constante pratique. Nous supposons que le lecteur déjà distingue les sept planètes : il va donc pouvoir nous suivre sur le terrain des types composites ; et là, il éprouvera la satisfaction de trouver, autour de lui, une application de ce qu'il aura appris.

Livre II :
Les types composés

LES VÉNUS
OU
LES ASTRALITÉS ACTIVES

VÉNUS – JUPITER
(BÉNÉFIQUE)

Cette femme est la bienveillance incarnée. Douce de regard, de manière, de voix et de geste, elle a les traits délicats et plutôt petits, le front bombé, le sourcil bien dessiné et des yeux noirs d'orientale à l'expression caressante. La petite bouche sourit d'avance, avant toute parole à dire ou à entendre. Fraîche et appétissante comme un fruit, le teint rose encadré de cheveux très noirs, elle répond aux idées les plus riantes de l'amour. Elle marche avec une légèreté irréelle ; son pied semble toucher à peine le sol et ses bras ont des mouvements d'ailes.

Impressionnable et franche, elle se livre, persuadée que chacun lui ressemble et qu'il n'y a pas à se défier. Déçue, elle pardonne, et ignore aussi bien la rancune que l'envie.

Elle aime à la fois le monde et l'amour, timide comme femme et pudique comme amante ; on dirait qu'elle n'a point de défauts : elle n'en a point, dont les autres puissent souffrir.

Le charme de Vénus, encadré par la raison de Jupiter, donne ce parfait modèle de la femme, au double point de vue de la vie sociale et de l'intimité.

Chose incroyable, elle apporte dans l'amour un esprit de justice et on la conquiert par la constance et les soins. Les qualités morales la touchent profondément, elle arrive à aimer parce qu'elle se sent aimée ; au lieu que presque toutes les femmes ne suivent que leur attraction, sans égard à la sincérité et à la profondeur du sentiment qu'on leur dédie.

Rarement heureuse, car elle ne croit pas à la malice et se laisse mentir et duper ; elle épouse d'ordinaire un homme qu'elle plaint et qui paraît avoir éprouvé l'amertume de la vie. Il y a de la charité dans sa tendresse et celui qui lui persuaderait qu'il va se tuer si elle ne se donne point, l'obtiendrait. Elle accepte le devoir avec résignation, mais sa tendance mondaine et brillante la pousse à la vie riante et joyeuse. Élégante et économe, elle fera ses chapeaux et rafraîchira ses corsages de l'autre saison ; elle ne dépasse jamais son budget.

Indulgente et débonnaire, elle éprouve sans cesse des déboires d'intimité. L'homme aimé, lui-même, abuse de cette créature trop douce et de sa constance que rien ne lasse. Timide avec les inconnus et alors silencieuse, elle se dédommage dans l'intimité où elle se révèle très causeuse et amusante.

Il arrive que cet être, d'une innocence que l'âge ne détruit pas, a autant d'aventures qu'une perverse, sans que la faute lui soit imputable : elle tombe aux embûches qu'on lui tend, par imprudence et non par faiblesse d'âme. Elle acceptera des rendez-vous dangereux, faute de méfiance. La vie ne lui apprend jamais l'expérience, mais, chose remarquable, ses péchés qu'elle n'a pas délibérés ni voulus, qu'elle a seulement subis, ne marquent pas sur son âme et, après avoir pleuré, elle est comme lavée et reprend son devoir, sans remords ; très caressante, elle embrasse beaucoup et même ses parents qu'elle cajole et dorlote. Sans cesse occupée à faire plaisir, elle va à la fenêtre pour voir venir ou partir son mari et, toujours préoccupée d'autrui, ne cherche d'autre joie que celle qu'elle procure. Il n'y a pas d'être plus facile à vivre et qui exige moins et, dès lors, chacun autour d'elle se montre exigeant, même les enfants qui la tyrannisent. À travers l'injustice des uns et l'égoïsme des autres, elle continue sa bonté et sa douceur, comme une fleur que l'orage secoue et qui se redresse aussi brillante au retour du soleil : elle essuie les tourmentes, sans se plaindre ni se briser. Épouse exquise, elle n'a point de malice, mais non plus de défense ; elle ne méditera pas l'adultère, mais peut y tomber, par fatalité de circonstance. Sa vertu dépend des autres. Laissée à elle-même, elle resterait exemplaire, mais les libertins devinent son étourderie et lui tendent des pièges. À Paris, une telle femme est fort exposée.

En province, elle n'a que de rares occasions où sa faiblesse puisse être entraînée, à moins qu'un jeune homme ne joue le désespoir et ne s'adresse à sa pitié. Si on l'émeut, si elle pleure, elle appartient à celui qui a produit l'émotion ; et, auprès d'elle, Don Juan n'aurait qu'à jouer le désespoir : c'est presque une amante de charité et qui se laisse prendre, plutôt qu'elle ne se donne. À celui qui l'aime, de la garder contre les maraudeurs de l'amour.

VÉNUS – JUPITER (INFLUENCE MALÉFIQUE)

Mélange de passion et de vanité, sensuelle et ambitieuse, gourmande et vantarde, elle a des amours d'orgueil. Au lieu de l'allure toujours gracieuse de la Vénusienne, elle se fait un abord selon les gens, charmante aux supérieurs, maussade à ceux du commun.

Le front est grand, découvert et bombé, les yeux clairs à fleur de tête. Très cambrée, la gorge abondante, le nez busqué mais est même temps large ; la peau un peu graisseuse. Ses membres ronds, mais gras et lourds ont de la vulgarité.

Elle ne juge point l'individu, et ne pèse que sa situation mondaine.

Même elle résistera à un entraînement pour un homme qui n'est pas de son monde, craignant surtout de déchoir. En revanche, elle se donnera à un autre qui porte un beau nom ou exerce une fonction honorifique.

Ce genre de femme a formé de tout temps un sérail bénévole autour des rois, et des célébrités, quand elles sont officielles. La vanité décidant du mari ou de l'amant, tel est le trait majeur de la Vénus-Jupiter. Elle ne trompera jamais son mari, s'il est plus qualifié que les autres hommes qui l'approchent.

Elle met de l'ostentation à ses devoirs et à ses aumônes, fait étalage de ses vertus et même de ses tentations.

Femme du monde agréable et très coquette, elle concilie les convenances et les passions. En vieillissant, elle se fait dévote et ne cesse pas de préférer les gens haut placés aux autres.

Il faut, si l'évêque passe en tournée pastorale, qu'elle l'ait à sa table ; elle achètera au besoin sa présence par un don considérable.

Si la pensée de la mort ne l'effrayait pas autant, elle embaucherait du beau monde pour suivre son enterrement. Comme on n'est pas Vénusienne impunément il lui arrive de s'émouvoir pour un homme qui n'est pas considérable elle s'en fait reproche et s'en repent pour ainsi dire.

En matière morale, elle a une formule : « Avec qui ? » L'acte en lui-même lui parait neutre, et si le partenaire vaut, tout se trouve ainsi absous.

Cette orgueilleuse, jusque dans les sens, fait beaucoup pour son mari et ses enfants, et même pour ses amis. Elle dira : « J'aime un tel, je ne veux point cesser de le voir ; il faut donc que je le fasse nommer quelque chose ».

À une de ce genre on joua le mauvais tour de lui montrer un grand-duc fort laid, sans l'avertir de sa dignité : elle fut hautaine et désagréable. Apprenant son erreur, elle s'évanouit de désappointement et de rancœur.

Charmante comme vieille femme, pleine d'indulgence, d'esprit et d'entrain, son déclin est le beau moment de son caractère. Elle garde le don de plaire et perd la vivacité de son orgueil, qui se contente de mots mordants et de fines épigrammes, entremêlés à des récits d'aventures où elle joue un rôle tendre, avec des personnages historiques. Elle diffère beaucoup de l'ambitieuse en ce qu'elle n'a que de la vanité et sur le plan de l'amour même ; mais cette vanité emprunte son jugement à l'opinion, au contraire de la Solarienne qui dédaigne ce que le vulgaire estime.

VÉNUS – SOLEIL (BÉNÉFIQUE)

Il n'y a pas de type plus beau que celui-là, qui réunit la noblesse à la séduction, le style au charme. L'art italien l'a exprimé incomparablement, c'est la Dame au sens idéal de la poésie, la Béatrice des Fidèles d'Amour, la femme qui mérite un culte véritable, car il n'y a rien, en elle, qui ne soit pur et ardent à la fois.

La tête, d'un caractère éphébique, a un accent de noblesse et de pensée profonde et douce et qui frappe même le moins observateur. Ses traits d'un dessin très pur, soignés dans le détail, s'apparentent aux têtes classiques d'Apollon. L'arc des sourcils, l'aile du nez, l'ourlet de l'oreille, le cil long et brun ; le nez un peu courbe et du bout fin, l'ouverture délicate des narines, une bouche magnifique aux coins relevés, donnent l'impression d'une vivante œuvre d'art, où l'artiste aurait épuisé son talent. La peau offre une finesse rare et un coloris de lys un peu chaud. Sa transpiration même passe pour odorante.

C'est la seule planète qui inspire des passions, en demeurant chaste et garde pour amis les hommes, qu'elle a refusés comme amants. Madame Récamier, quoique ayant la Lune en troisième influence, représente ce beau type.

Même amoureuse elle reste pudique ; la passion ne lui ôte pas le sentiment très profond de sa dignité. Elle tombe non seulement avec grâce, mais avec pureté, si on peut dire.

Vénus-Soleil ne craint point de rivale, elle attèle à son char qui elle veut et toujours se donne au plus remarquable de ses soupirants. Madame Récamier n'a jamais hésité un instant entre un Montmorency et un Chateaubriand.

Sa coquetterie avait un tel caractère d'élévation, que ses contemporains la qualifièrent de coquetterie angélique.

Cette femme qui n'a rien écrit, fille d'un employé des postes, épouse d'un vieux banquier, a son article dans le dictionnaire des littérateurs, tellement son rôle fut vraiment solaire, sans rien faire de plus ni d'autre qu'une femme du monde qui se retire en perdant sa fortune et lors ne reçoit plus que quelques amis fidèles ; cette admirable créature a conquis une place éternelle dans l'histoire et y représente la femme qui obtient l'immortalité sans œuvres, ni aventures, par le génie seul de son sourire.

Aimée par des gens qui tous avaient droit à quelque orgueil et qu'elle a rebutés, elle sut empêcher les conflits : et il n'y eût pas un duel, pas une dispute, à propos d'elle.

Ce type porte bonheur à ceux qui l'entourent ; elle a la seule qualité que s'attribuait Socrate, comme fils d'une accoucheuse ; elle aide les gens à faire sortir d'eux-mêmes ce qu'ils contiennent de bon et de bien.

Que le lecteur ne se dise pas : « je chercherai une Vénus-Soleil » à moins qu'il ne soit quelque peu sous l'influence d'Apollon.

Cette femme-là choisit, avec un jugement sûr et un orgueil averti, et jamais ne descend au sens de l'affection.

Sa destinée brillante lui attribue les succès mondains, et si elle se retire à l'écart, le monde l'y suit de ses hommages.

Même au fond de la province, elle attirerait encore les hommes de mérite, car elle a double rayonnement et agit par la chaleur fécondante, autant que par le charme Vénusien.

La comtesse d'Albany qui fit la destinée et presque le génie d'Alfieri et devint ensuite l'amante du peintre Fabre, est un type moindre de Vénus-Soleil. Les princesses de la Renaissance italienne, si instruites et d'un goût si haut, portaient cette belle signature astrale qui enferme la double puissance de l'esprit et de la grâce.

Vénus-Soleil est la seule femme qui mérite un amour platonique et qui peut y répondre par une tendresse intelligente et bénéfique.

On la rencontre peu, de nos jours, où l'influence Saturnienne s'affirme de plus en plus, et Saturne est le plus grand ennemi du Soleil et de Vénus.

Les peintres même ne reproduisent pas ce type parfait, faute de modèle qui en donne les pures et idéales formes : et parmi les femmes régnantes, on ne trouve pas actuellement de Vénus-Soleil.

VÉNUS – SOLEIL (MALÉFIQUE)

On a difficulté à reconnaître le mauvais regard des astres dans cette figure hautaine et charmante qui fait souvenir d'Armide et des enchanteresses de la légende.

Le seul stigmate extérieur de la fatalité consiste dans une disparité des traits, beaux en eux-mêmes, inharmoniques par leur juxtaposition. Son visage présente les rondeurs Vénusiennes et le nez à l'ampleur du Soleil ; elle a le bras rond et cependant très long. Certains membres sont élancés et sveltes, d'autres dodus et un peu larges. Cette dualité linéaire correspond à une dualité intérieure.

Elle a double orgueil de son esprit, et de sa beauté, et prétend à la fois à l'admiration et à l'amour.

Mais au lieu d'une expansion sereine et harmonieuse, elle projette son magnétisme puissant, d'une façon impérieuse et intermittente.

Elle conquiert au lieu de charmer ; elle soumet au lieu de séduire.

Sa taille est plutôt petite, mais sa forme très élégante la rend fort désirable et la signale, même dans une cohue mondaine. Son teint clair et mat rayonne ; elle a beaucoup de cheveux et fort beaux.

Il y a de l'ingénuité dans son esprit ; elle se défend mal des trompeurs. Son orgueil se refuse à la prudence et sa sensibilité à la méfiance.

Le rôle que sa sœur bénéfique joue naturellement, ayant l'air d'accomplir en ce monde une fonction de beauté et de bonté, elle le tient avec application et effort, et dans un sens égoïste. Littéralement, elle se nourrit d'hommages, avide de plaire et d'être admirée. Celimène de Molière la représente. Par le Soleil, elle préfère Alceste, le plus noble caractère de l'entourage mais elle ne renoncera pas au monde, à ses pompes et à ses œuvres : elle veut bien n'aimer que le meilleur, pourvu qu'elle continue à jouir du suffrage de tous. *Dona Juana* de l'âme, elle voudrait avoir une liste de *mille e tre* qui fût le livre d'or d'une époque et que l'énumération de ses adorateurs constituât celle des gens dignes de mémoire.

Il entre dans son tempérament et dans son calcul, de ne pas donner grand'chose d'elle-même et de maintenir les désirs qui l'environnent dans une contrainte perpétuelle. Sa volupté réside à respirer l'encens de l'amour : être adorée, elle le préfère à être aimée ; elle tend à devenir l'idole, et non à réaliser, comme amante, un beau poème d'intimité. Ni cruelle, ni pitoyable, considérant que son rôle est d'éblouir, elle ne comprend pas qu'on lui demande autre chose que son aspect, son regard et son sourire. Aux yeux, elle donne tout ce que la mode du jour permet, et ne devient pudique que dans le tête à tête. Dès qu'il y a un groupe autour d'elle, elle se laisse voir et se montre comme on montre une œuvre d'art, avec une impudeur abstraite de chose admirable et consciente de l'être.

On peut l'aimer sans beaucoup souffrir, car elle donne à chacun la persuasion que nul n'est plus favorisé et que les rivaux ne sont pas mieux traités ; et cette persuasion une fois établie, la jalousie perd les motifs de se manifester.

VÉNUS – LUNE (BÉNÉFIQUE)

Ici, la flamme de Vénus s'évapore en rêverie, se résout en mysticisme ; ici, la sensibilité s'élève et s'épure, et l'imagination quitte la terre et monte vers le ciel.

Un front innocent et blanc aux sourcils doux et ténus, des yeux grands et bleus au regard clair et paisible, un nez fin et au bout un peu charnu, la bouche toute petite souriante, la chair fraîche, forment le plus charmant visage d'ingénue et un des jolis types de jeune fille.

Ses cheveux sont châtains et tombent sur un cou délicat, un peu frêle, et de mignonnes épaules, un peu minces.

Elle a une petite gorge très séparée et ronde, les hanches fortes par rapport à la partie supérieure du corps et le ventre saillant, dès qu'elle cesse d'être fille. La Lune impose un peu d'épaisseur à la taille.

Très musicienne, chantant bien, et aimant Schuman, Schubert, les poètes-artistes, les peintres pré-Raphaélistes qui ont reproduit son type avec prédilection, cette femme, plutôt passive, reflète l'amour comme un lac pur et immobile. Mélancolique et non pas triste, soumise à la vie et à ceux qui l'entourent, souvent victime, elle ne se défend que par sa grâce et son bon vouloir.

Très peureuse de la nuit, des bruits inexpliqués, elle ne pourrait vivre isolée ou même seule dans un appartement. Gourmande, faisant de fréquentes stations chez le pâtissier, croquant des friandises comme une enfant, le goûter a pour elle une importance, ainsi que le dessert.

Dans l'amour elle recherche les chatteries, les délicatesses, les petits plaisirs et ce que nos arrière-grand-mères appelaient la petite oie.

Elle aime la nature riante et verte, ensoleillée, et se complaît à y marcher lentement et longtemps, dans les sentiers ombreux pourvu qu'elle soit accompagnée ou d'un enfant ou d'un animal. Craintive, elle s'alarme de périls imaginaires et voit dans le chemineau qui passe un dangereux brigand.

Épouse désignée pour les gens âgés, car elle a peu de tempérament et se contente d'attentions et de gentillesses, elle s'accommode d'un *mari blanc.*

Elle cultive en son cœur la petite fleur bleue du rêve, mais n'ira pas s'informer si elle florit au frac des jeunes hommes.

Son mouvement propre la pousse vers les grisonnants ; elle se fait volontiers « bâton de vieillesse » : c'est le type de cette admirable Antigone, deux fois sublime de piété filiale et de piété fraternelle.

Personnellement, elle doit mener une vie sans événement et heureuse, et ce pronostic n'est démenti que par les aventures des parents ou du mari qui l'entraînent.

Bonne au pauvre monde, bénigne à son entourage, elle vit en paix avec des caractères insupportables, par sa faculté de se replier en elle-même.

Elle ne s'attache à rien : sans envie de l'heur d'autrui, sans souci de l'opinion, elle se laisse aller au cours des choses et ne le contrarie ni par l'humeur, ni par de l'énergie.

Lucrèce Borgia, qui ne fut pas ce que Victor Hugo a rêvé, que Gregorovius a montrée sans noirceur, seulement passive au milieu de crimes commis autour d'elle, est une Venus-Lune ; comme la légendaire Hélène qui fut reprise par son époux après la guerre de Troie et se retrouva vertueuse à Sparte, comme elle avait été aimante à Ilion, acceptant la fatalité, incapable de lutter et, toutefois, préférant bien faire. Elle cède toujours et dépend de la pression qui s'exerce sur elle et qui décide entièrement de sa vertu ou de ses déportements.

On la prend et on la quitte, sans qu'elle ait voulu ni l'un ni l'autre ; elle s'accommode singulièrement de toute situation et se considère comme la sujette de la fatalité. On la fêterait au couvent qu'elle s'ingénierait à y vivre, le moins tristement possible ; et si un homme l'arrache à un autre, elle s'efforce d'aimer le vainqueur, respectant le fait accompli et ne regimbant jamais contre l'aventure.

Elle subit le mari que le sort lui donne, s'applique à le chérir, et y arrive le plus souvent.

VÉNUS – LUNE (MALÉFIQUE)

La différence entre le haut et le bas du corps, signalée au type bénéfique, s'accuse ici d'une façon particulière.

Jusqu'à la ceinture, l'idéalisme règne ; ensuite le corps s'alourdit, s'élargit. Là encore, le front est pur, l'œil très doux, le bras mince et rond, le sein petit comme l'attribue l'école de Cologne à ses vierges.

Mais les hanches sont fortes, les fesses et le ventre caractérisés même dans la jeunesse et l'allure affecte de la lenteur. Moralement, une extrême curiosité dirige son imagination ; elle veut savoir ce qu'on lui cache, secrets de la vie ou de la mort, secrets de la terre ou du ciel. Elle a beaucoup de la chatte dans la souplesse des manières et aussi dans l'égoïsme de sa nature qui se suffit à elle-même ; elle professe du goût pour les choses et les gens bizarres, et subit l'attirance de ce qui est lointain et merveilleux.

Elle apporte en amour un grand fond d'indifférence, ne s'affecte pas beaucoup des infidélités, ne s'attache pas nerveusement à son mari, le voit se déranger d'un œil facilement résigné, quoiqu'elle l'ait épousé avec enthousiasme.

Au reste, elle commence toute chose avec zèle et ne continue rien. Le premier moment de ses caprices revêt une ferveur trompeuse ; l'inconnu seul l'attire. Petite fille elle détraquait ses poupées pour voir comment elles étaient faites en dedans ; femme, elle cède par curiosité. « Comment va-t-il m'aimer ? » se dit-elle et, une fois que ce « *Comment* » ne pose plus son point d'interrogation, sa pensée prend un autre cours. Elle imagine des émotions étranges, mais n'a pas l'activité de les rechercher et restera sage avec une imagination déréglée si quelqu'un ne vient pas lui offrir le péché. Elle passera des mois dans une quasi-retraite et puis aura une crise de mondanité.

Le devoir ne la trouve ni zélée, ni réfractaire : elle dépend de l'occasion et de son milieu. Comme un caméléon, elle se colore, mentalement, d'après l'entourage ; parmi les perverses elle se corrompt, elle devient pieuse au milieu des dévots.

Mais sortie du groupe dont elle a suivi les errements, elle ne garde pas plus une empreinte que l'autre et oublie le vice comme la piété. Elle peut le bien et ne déteste pas le mal. D'esprit poétique et de sentiment fataliste, son individualité se compose d'une vie intérieure très intense et d'une vie sociale presque involontaire. Elle ne médit, ni ne calomnie et ne trame rien ; on n'a guère à lui reprocher que des défauts de ménagère et du laisser-aller en matière domestique. De bonne volonté à faire plaisir, point contrariante, elle se plie à des circonstances même pénibles ; mais elle ne résiste pas à un miroitement d'étrangeté et se laisse fasciner un instant par ce qui la frappe. Miroir indolent où se répètent les meilleures et les pires pensées, elle ne contient pas une grande idéalité et tombe à des bassesses sans s'expliquer pourquoi. Cette inconstance est délibérée, elle veut ne pas vouloir, par paresse d'âme et aussi parce que le fait a bien moins d'importance, pour elle, que l'idée.

La femme allemande relève de ce type essentiellement neutre et d'une fadeur un peu morne.

On ne saurait la classer parmi les perverses ni parmi les vertueuses, puisqu'elle a nativement la double aimantation qui la fait sage si on ne la sollicite pas à pécher ; et qui la séduit, si l'occasion propice se présente.

VÉNUS – MERCURE (BÉNÉFIQUE)

Elle a un beau visage en ovale allongé, au teint mat : une ronde taille, des mouvements pleins de grâce, un regard expressif et pathétique ; elle inspire des passions profondes, réussit dans tous les arts, mais surtout dans ceux du théâtre. C'est le type de la Sontag, de la Stoltz, de la Malibran, de Madame Dorval. Dire qu'elle est résume l'impression produite par son aspect Blonde à l'œil bleu, aux paupières fines, au nez de race, à la bouche délicate et ronde, au menton gracieux, elle mérite l'épithète de col de cygne. Sa gorge ferme et blanche, ses bras ronds et souples en font une vraie beauté : les contours sont tous d'une rare élégance et les membres d'une souplesse qui charme et étonne. Cette prodigieuse grâce à se mouvoir, sa façon de tendre le bras, de tourner sa tête, d'avancer le pied ne permettent pas de la confondre avec d'autres types : aucun n'a cette désinvolture cependant modeste et chaste.

Son goût pour les arts va jusqu'au fanatisme : excellente musicienne, déclamatrice supérieure, elle a un air de raconter avec des accents émus dans la voix qui arrache des larmes. Malgré ces dons de rayonnement qui assureraient les plus vifs succès du monde, elle préfère la vie de famille et l'intimité conjugale où elle se sent adorée. Sentimentale, éprouvant les très vives impressions à un coucher de soleil, et aux spectacles de la nature, trouvant partout à s'intéresser, pieuse et pratiquante, c'est la femme qui demande le moins de choses à la vie et qui trouve le bonheur aux conditions ordinaires. Jamais un pareil être ne s'ennuie : elle n'a pour ainsi dire ni nerfs, ni humeur et dégage du calme. Sans qu'elle le veuille, elle exerce une autorité incontestée sur son entourage : chacun craint de lui faire de la peine, elle désarme le mauvais vouloir et l'envie, d'autant plus qu'elle ne prétend pas aux enjeux des combats de ce monde. Ni pour elle, ni pour les siens elle ne rêvera d'honneurs et de richesses. Elle demandera à l'économie d'équilibrer une situation, plutôt que de faire des démarches afin de l'augmenter.

Sensitive, elle a des pressentiments, et les garde en son cœur. Quoique la vie la trouve appliquée aux devoirs, sensible aux plaisirs elle aspire à l'au-delà ; et de cette aspiration découle sa contemplation émue de l'art et de la nature. Elle n'a point de pensée noire ni, à proprement parler, de tentation, mais on l'émeut facilement et on obtient d'elle beaucoup plus qu'elle ne voudrait donner. Heureuse à la campagne plutôt qu'à la ville, jouissant beaucoup du voyage, mais ne le faisant pas de son propre mouvement, elle enferme les éléments de la sainteté et de la plus rare, celle qui sourit et qui ne voit que le côté joyeux de la foi. Nulle ne réalise une vertu plus aimable, une sociabilité plus altruiste. Son époux l'adore et elle répond par tous les actes dévoués et tendres ; mais quelque chose en elle demeure insatisfait et ne veut pas l'être, quelque chose d'informulable et de mystérieux qu'elle exhale à son prie-Dieu ou à son piano.

Ce n'est pas l'incomprise qui toujours affiche son appétence à l'inconnu : mais une âme profonde qui ne trouve pas à se remplir avec les passions humaines. Dès lors, elle n'a point d'amant, quoiqu'elle ait pu se donner en un moment de trouble. Les allées secrètes et craintives de l'adultère, les correspondances dangereuses, ce qui constitue le bonheur coupable ne lui représente rien que de répugnant.

Contemplative, il lui faut le calme, la vie régulière, les affections normales.

L'homme honnête trouverait en elle la compagne la plus idéale et lui plairait par sa seule honnêteté, sans aucun prestige.

Combien de cœurs aimants, enfermés sous une enveloppe humble, ne connaîtront jamais l'amour, qu'une Vénus-Mercure leur donnerait.

Car ce type s'adapte aux êtres comme aux circonstances, aux personnes comme aux choses, avec une souplesse d'âme incroyable.

Ce phénomène d'identification est le symptôme dominant de Vénus-Mercure, et lui attribue un rôle providentiel dans l'œuvre humaine. Grâce à cette astralité, il y a sur la terre de la paix, fruit de la bonne volonté. Les autres imposent leurs passions amenant de grands désordres, celle-là réalise le sentiment d'autrui, en une consonnance harmonieuse.

VÉNUS – MERCURE (MALÉFIQUE)

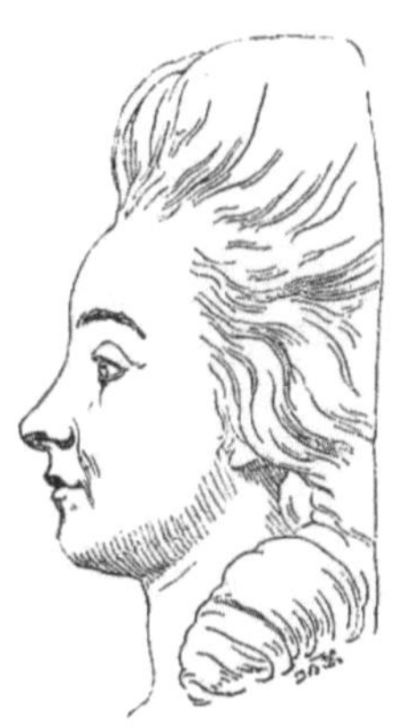

Très distinguée, plus encore que jolie, elle a le front bombé, le nez droit, l'œil noir, la lèvre gourmande et la peau d'une grande finesse. Svelte, un peu garçonnière avec une belle gorge, ses cheveux blonds tirent sur le roux. Sa démarche est vive et un peu hésitante, le geste est prompt et gracieux, mais d'une extrême mobilité ; très sûre d'elle-même, elle affecte de ne pas l'être. On la sent compréhensive, d'un jugement vif mais instable d'impressions.

Elle paraît pressée même quand elle flâne, et préoccupée en ne pensant à rien ; elle montre de l'esprit d'à-propos et son rire éclate facilement, mais ni joie ni tristesse ne sont profondes. Dissimulée, elle feint l'étourderie et joue à la naïveté pour mieux mener son jeu qui est de tirer les marrons du feu sans se brûler, et de côtoyer l'extrême bord des sentiers dangereux, sans faux pas.

Nature prismatique, pleine d'inconséquences, de tâtonnements et d'illogismes, rétrogradant après s'être avancée, puis s'avançant à nouveau pour reculer encore, elle désespère un amoureux sans y mettre de cruauté, par impuissance à se déterminer.

Elle donne rendez-vous, se dédit et le regrette : elle commence une coquetterie, puis la laisse, pour la reprendre ensuite.

Elle possède l'ingéniosité nécessaire à se tirer des situations fausses où elle se jette sans cesse. Elle aime et n'aime point, à la fois. Cette indécision la force à mentir, elle y réussit avec une parole abondante et spirituelle.

D'humeur très variable, elle a des impatiences vives et des sautes imprévues quand on essaye de la dominer et de la fixer. Son grand souci est d'échapper aux conséquences de sa coquetterie. Souvent engagée en des galanteries où sa réputation se joue, elle ne doit qu'à son habileté de conserver sa considération.

Elle sera probablement fidèle à celui qu'elle aimera, mais avant d'aimer que d'essais, d'hésitations, de réflexions contradictoires. Elle se méfie de tous et d'elle-même !

Elle a de l'ordre dans la vie intérieure, compte admirablement, sait arranger elle-même ses affaires. Sur le terrain matériel c'est une maîtresse-femme, perspicace, au coup d'œil sûr ; elle ne flotte que dans le sentiment, et là tout l'impressionne.

La littérature l'intéresse plus que les arts, elle lit et retient aisément, passe pour une belle causeuse et les hommes d'esprit moyen la tiennent pour une femme supérieure ; elle possède une réelle facilité de style, ses lettres sortent de l'ordinaire et à l'occasion elle chaussera des bas bleus bon teint et bien tirés. D'ordinaire, elle est entourée, fait un brillant mariage dans un monde plus élevé que celui de sa naissance et y brille comme si elle y était née.

Elle a les manières bienséantes et ne les quitte jamais que dans la colère qui ne dure pas.

On ne saurait dire à qui elle convient comme épouse, sinon à Jupiter, au fonctionnaire qui trouve en elle un conseiller et un collaborateur remarquable ; mais il y a toujours un peu d'ombre sur sa fidélité, par le goût invincible qu'elle montre à ébaucher des amourettes, sans idée de les pousser loin, pour se distraire et vivre un peu de roman.

VÉNUS – SATURNE
(BÉNÉFIQUE)

Figure frappante par ses traits accusés et sa mélancolie ; elle montre un grand front, des yeux enfoncés mais expressifs, un nez busqué fortement, une bouche serrée et un menton carré et long d'un rare entêtement. Le teint est olivâtre, les cheveux très noirs, l'épaule forte et relevée, peu de gorge, de longs bras plats et de très grandes mains.

Nature sombre mais tendre qui se tourmente intérieurement et n'en laisse rien voir, par dignité.

Elle parait vieille, même encore jeune ; et fille, quoique mariée. On la prend pour la parente de son époux et il ne vient jamais à un homme, l'idée de lui faire la cour. Cependant elle ne produit pas de répulsion. Son regard chargé de tristesse ne lance aucun rayon mauvais, et ses narines ouvertes indiquent qu'elle serait vibrante à la volupté. Sa bouche n'est pas grande et présente des lèvres fortes et rouges, qui brillent dans la face sombre.

Destinée à aimer sans être aimée ou à être trompée et quittée, et sachant, par une admirable lucidité, que c'est là son inéluctable sort, cette malheureuse sent, dès la jeunesse, la pointe des couteaux que la vie lui enfoncera au cœur. Sa tristesse prématurée, qui cache une susceptibilité extrême, impressionne la famille, et on lui préfère ses frères et ses sœurs. Peu liante, ne faisant pas de confidence, elle grandit sans amie et rabat sa tendresse sur les animaux.

Économe, sobre, silencieuse, elle traverse la vie comme une ombre, sans qu'on l'aperçoive. Mère exemplaire, épouse rigide, elle se conduit en religieuse dans la vie mondaine. Mais sous ce dehors régulier, son imagination ardente ne cesse pas de penser à l'impossible, à l'amour des romans, à la volupté telle que la chantent les poètes. Véritable damnée de la passion, elle n'a qu'une seule pensée : l'amour, et elle sait que l'amour la fuira, malgré ses efforts.

Le besoin d'aimer lui inspire parfois un dévouement qui trompe l'opinion : elle adopte, de fait ou légalement, un enfant, avec le secret espoir d'en être aimée un jour, et invariablement l'événement la déçoit.

Sa force de pensée est telle que sans influence véritable, par ses seuls conseils, elle peut conduire quelqu'un au succès et à la prospérité.

Souvent dévote, elle épouse la fortune d'un jeune prêtre, et nul, pas même lui, ne sait jamais que la mitre qui coiffe sa tête de paysan, destinée à la calotte noire du curé de campagne, est sortie des méditations de cette vieille béguine qui l'ennuyait tant au confessionnal, et qu'il visitait parfois pour écouter les potins de la petite ville.

Insensiblement, par des avis de femme d'état, la saturnienne aura dirigé, sans y paraître, les agissements du jeune prêtre et se sera fait écouter à force de dissimulation. L'homme accablé par la vie, et qui désespère de relever sa fortune, trouverait dans cette femme, s'il pouvait la regarder tendrement, une véritable fée, malgré le peu de charme. La Saturnienne qui se sentirait aimée deviendrait un être de génie et conduirait sûrement son amant à la fortune. Car sa force d'intelligence, augmentée par l'amour, trouverait l'intrigue de salut et saurait la mener jusqu'à l'accomplissement.

Cette rencontre n'arrive presque jamais. Quel homme pensera découvrir une Égérie sous les traits chagrins et marqués par la fatalité qui distinguent la Saturnienne ? Elle reste donc inutile et souffrante dans son isolement. Son vieux cœur cesse de battre, sans qu'on ait su que c'était un foyer d'amour, et que si elle n'apportait pas la chance, elle incarnait du moins cette force dépensée qui, unie à la constance, peut tout conquérir, sauf l'amour !

VÉNUS – SATURNE (MALÉFIQUE)

On dirait qu'elle est faite de pièces et de morceaux, tant il y a de contradiction entre sa bouche sensuelle et son grand nez busqué, entre son absence de gorge et la largeur de ses hanches, entre son sourire inquiétant et son regard sombre.

Plutôt maigre et moins grande que la Saturnienne, elle a quelque rondeur au menton, aux épaules. Son cou est bien fait, mais l'impression change suivant le trait qu'on regarde. Des yeux de braise, presque cachés sous une profonde arcade, luisent avec un éclat rouge et ses lèvres vives, mais séchées par la fièvre, se pétrissent d'elles-mêmes comme pour garder leur secret. L'allure est ambiguë sous le buste roide, immobile ; les hanches s'agitent et étonnent par un mouvement lascif et inquiet.

Esprit très réfléchi, se rendant compte de ce qui lui manque pour plaire, pessimiste en amour et cependant ardente, ou elle renonce avec une volonté singulière à se satisfaire, ou elle devient capable des pires choses pour assouvir sa fringale amoureuse.

Alors elle jette son dévolu sur des Lunariens, des jeunes gens de peu de volonté ; et pour les séduire et créer une familiarité, prend des allures de grande sœur très intime ; si elle échoue à ce manège, elle achètera ce qu'elle n'obtient pas de gré amoureux, elle paiera la sensation qu'on lui refuse.

Cette femme dont la pensée est très développée, en même temps que sa sensibilité est vive, met au service de ses passions beaucoup d'intelligence. Farouche et voluptueuse en même temps, elle représente un des états d'âme les plus obscurs de la psychologie, surtout quand elle tombe dans le vice et en prend l'habitude.

Elle sortira le soir, en habits humbles qui la déguisent et guettera les jeunes qui passent. Si un lui parle et la suit, et la traitant suivant l'apparence, lui donne le prix de sa possession, elle prendra cette pièce d'argent ou d'or et la fera monter richement comme un cher bijou et un fétiche. Arrivée à ce point de vertige, nul ne peut prévoir jusqu'où elle descendra. D'ordinaire elle garde une tenue acceptable, à force de soins pour cacher ses débauches anonymes et laides. Son esprit profond s'applique constamment à assurer ses vices contre toute surprise de l'opinion. Son amour est redoutable : elle s'acharne comme un vampire de l'âme et du corps sur le malheureux qui a été tendre un instant et, littéralement, elle le dévore : mais en revanche, il n'est pas de sacrifice qu'elle ne fasse pour lui, elle volerait, elle tuerait : c'est de la passion à la Vautrin, qui s'affirme dans la boue et le sang, et aboutira peut-être en cour d'assises, à moins qu'elle ne se suicide lorsqu'on l'abandonnera.

Chez un tel être, il n'y a rien que de profond ; l'amour y devient drame et la luxure frénésie.

Clytemnestre, l'amante d'Égisthe, est une Vénus-Saturne dans la façon cynique dont elle répond au chœur qui lui reproche le meurtre d'Agamemnon.

VÉNUS – MARS (BÉNÉFIQUE)

C'est la virago, la femme plus brutale que le commun des hommes, mais plus téméraire aussi ; capable d'héroïsme et d'effort colossal.

Le visage est d'une énergie de bête sauvage : le front court à peau tendue, aux tempes très larges, exprime une volonté aveugle et qui a la puissance d'un instinct.

L'œil tout rond brille d'une lueur jaune, le sourcil trace un trait horizontal : et les cheveux roussâtres ressemblent à des poils de bête, durs, drus, souvent hérissés. Le regard est celui qu'on voit luire à travers la grille des ménageries. Le nez ressemble au bec de l'oiseau de proie et se courbe en s'effilant ; les narines sont aplaties et à peine fendues, et les coins de la bouche s'abaissent exagérément.

Court, mais tout en relief, le menton s'avance en pointe de sabot. La peau rougeoie et porte des taches de rousseur. Le corps est comme tassé, trapu et lourd avec une gorge très dure et une croupe courte ; les pieds et les mains sont très larges et très grands, le pouce et les doigts sont en bille.

La voix hurle et la contenance provoque.

Dans ce type, tout exprime bestialité et force physique : aucune trace de sensibilité. Cette femme ne supporte, ni contradiction, ni résistance.

Elle bat son mari, querelle ses voisins, mégère que nul n'apprivoise.

Mais c'est un bourreau de travail, elle vaut deux hommes aux choses manuelles ; elle fera vivre toute une nichée de petits en les talochant toutefois, et se jettera à l'eau ou au feu pour sauver quelqu'un.

Héroïne à l'occasion, virago perpétuellement, elle renie son sexe, en parole comme en action.

Ses facultés de hardiesse la font craindre. Cancanière, criant à chacun ses vilenies et étalant les siennes cyniquement, intéressée jusqu'à l'indélicatesse, elle ne dépense que pour des fêtes qu'elle fait dégénérer en disputes. Elle crie et jure, ou bien sa gaieté fait grand bruit ; elle se vante de débauches exagérées, corrompt les jeunes gens et sert d'intermédiaire aux pires amours. Tel son vrai naturel, mais elle ne le peut montrer que dans les derniers rangs sociaux.

Si la naissance la place dans le monde, elle se contraint forcément et alors elle casse, elle déchire, elle détruit, pour se soulager de cette contrainte. Elle se jette dans les sports, chevauche, chasse, canote, patine et fréquente les gymnases, les tirs, et des baraques d'une foire, elle préfère celle des

lutteurs. L'activité physique dévore et anéantit sa sensibilité :
elle ne craint ni la nuit, ni la foudre, ni les brigands, et fait
figure dans les grandes chasses des pays lointains.

Chose remarquable, elle jette son dévolu ordinaire sur de
très jeune gens efféminés qu'elle terrorise et qui la trompent.
Elle aime tant la force qu'elle va jusqu'à admirer le crime et
regarde, de son œil le plus doux, les figures vraiment
patibulaires. Sans aucun goût pour l'art et ne lisant jamais,
elle vit avec les animaux, les piqueurs et les palefreniers, et
débauchera de petits gars ou bien des télégraphistes, car elle a
de brusques accès de sensualité, qu'elle satisfait sur l'heure.

Il n'y a entre elle et le fait divers judiciaire, qu'un degré
de plus dans la colère et un de moins dans la fortune.

Vivandière ou femme de pionnier, elle enlève
l'admiration par sa bravoure acharnée, mais nul ne peut vivre
avec cette Euménide intime qui d'ordinaire est buveuse et
brutalement paillarde.

La fortune, le rang social et le sport endiguent ses
instincts.

VÉNUS – MARS
(MALÉFIQUE)

Voici la plus dangereuse des femmes, sans pitié, sans frein, sans vergogne : la mégère épouvantable qui suppliciera son enfant son mari, dans un élan de colère.

Ses traits exagèrent ceux du type précédent jusqu'à la rendre terrible à voir, comme une bête féroce en liberté. Elle vit en un tapage ininterrompu et ne décolère pas. Haineuse, agressive, elle apporte dans l'amour une animalité sans pareille. Elle hurle, mord et crie pour exprimer sa volupté. Mauvaise fille et mauvaise mère, méchante pour les animaux, la voix toujours grondante, elle a une volonté inflexible que l'obstacle irrite. Elle est marquée pour le crime ; mais avant de donner le coup de couteau qui la mènera devant la justice, elle aura fait commettre bien des scélératesses.

C'est elle qui initie les jeunes gens à l'art des attentats, qui les aide, les encourage, leur fait honte de leurs craintes et les dresse au mal. Cette sinistre pédagogie lui constitue un véritable prestige : muse de la prostitution, du vol et du meurtre, elle inspire les grands mauvais coups.

À ces traits, on croirait qu'une telle femme n'existe que dans les quartiers infâmes des faubourgs. Erreur !

La Vénus-Mars a presque toujours en troisième influence Mercure qui lui donne la dissimulation et la faculté de se contenir. On connaît telle femme portant un nom historique et reçue dans le monde, le cou orné de perles, chantant la romance, qui a sur la conscience l'inspiration de viols, de vols, d'avortements et de duels qui furent des assassinats.

Celle-là contraint son regard, sa voix et sa parole. Elle n'enseigne pas à couper une chaîne de montre mais à faire un faux ; elle ne dira pas d'attendre le riche qui doit passer, mais elle conseillera de l'attirer dans un guet-apens et de le rançonner par la menace du scandale. Elle ne recrute point pour le mauvais lieu public ; mais elle arrange la partie de campagne où la jeune fille du monde sera violée dans une aile isolée du château. Elle ne verse pas de poison dans la tisane du vieillard, mais elle lui jette dans les jambes, après un gros repas, le tendron qui lui occasionnera une congestion.

C'est une grande dame, comme on dit dans la Tour de Nesle, mais elle fait sous d'autres formes et qui lui assurent l'impunité, tout ce qui compose le répertoire de la scélératesse. On rencontre cette mégère déguisée aux bals d'ambassade comme aux premières et on la salue avec tout le monde, car le vague bruit qui l'accuse n'est pas prouvé ; et on ne saurait plus comment vivre s'il fallait ne fréquenter que d'honnêtes gens et refuser son salut aux voleurs et aux entremetteuses.

LES LUNES
OU
LES ASTRALITÉS
PASSIVES

LES LUNARIENNES

Il y a un vieux fabliau intitulé les *vœux indiscrets*, qui montre combien sont rares les gens qui savent vraiment ce qu'ils veulent ; et surtout, ceux qui veulent leur vrai bien.

Dans ce domaine rempli de mirages, où se meut le désir sexuel, la plupart cherchent toute autre chose que celle qui leur convient.

Pour choisir bien sa femme, il faut d'abord se connaître soi-même, ne pas confondre ses désirs et ses besoins, ses prétentions et ses mérites, ce qu'on cherche à paraître et ce qu'on est en réalité.

« Connais-toi d'abord » disait la philosophie antique, et ce précepte demande déjà une vraie supériorité pour être mis en pratique.

Chacun rêve d'une femme belle et bonne, vertueuse et charmante. Mais qui se demande, s'il lui faut une femme qui le domine ou une autre qu'il dominera ? Le bonheur dépend de cette question.

En dehors du type astral, les êtres se divisent, primordialement, en deux grandes familles : les actifs et les passifs, ceux qui sont appelés par leur faculté à jouer les protagonistes et les autres propres seulement au second rôle.

Les Vénus représentent l'activité féminine. Leur personnalité développée, prend le rôle positif, et conseille, dirige, conduit l'époux. Elles conviennent à l'homme passif, d'une individualité restreinte et d'une volonté moyenne.

Les Lunes qui naissent sujettes et destinées au rôle de satellites représentent les meilleures compagnes pour les hommes positifs, aux facultés développées ou impérieuses.

La loi du fluide électrique se retrouve dans le phénomène sexuel. Les fluides opposés seuls se combinent avec harmonie et dégagent force et lumière.

La Lunarienne tempérée par une autre planète produit la femme générale, le type courant. Il ne faudrait pas croire, par un mouvement de vanité intérieure, qu'on doive rechercher l'être d'exception et dédaigner l'autre.

Pour le grand nombre, la vie se compose de choses calmes et moyennes ; les rêveurs ne sont pas les heureux.

La lecture poétique nous persuade que l'amour sans trouble ni désordre n'est point l'amour ; et la jeunesse ajoute créance à cette ridicule assertion.

Les esprits réfléchis et expérients considèrent la paix comme le souverain bien et ne cherchent qu'elle, en leurs agissements. Or, nulle part, elle n'est plus souhaitable que dans l'intimité. Là elle produit cette partie du bonheur, la vraie, qui se forme d'une succession de détails harmonieux, d'une répétition de petits plaisirs et de redites aimables quoique simples.

L'influence des planètes ne revêt que rarement le caractère tout à fait tranché, que nous avons dû prendre pour fixer une physionomie typique.

Aussi, au point de vue de la santé, Saturne donne la longévité, mais maladive ; le Soleil, les maladies du cœur et des yeux ; Mercure, la folie et les catarrhes invétérés ; Mars, les hémorragies et les douleurs de reins ; la Lune l'hydropisie ; Vénus, les maladies de matrice ; et Jupiter, l'apoplexie et le scorbut.

Mais qui voudrait annoncer à chacun ces diathèses se tromperait fort. Ce qui est probable n'arrive pas toujours.

Si nous considérons par exemple la physionomie générale d'une époque, nous serons fort embarrassé de conclure. Certes, le XVIIIe siècle porte la signature de Vénus et de la Lune ; et le XVIIe, celle de Jupiter ; mais sous Louis XIII, les visages sont concentrés et épanouis sous Henri IV.

Quant aux périodes complexes telles que le moyen âge (Lune-Mercure) et la Renaissance (Soleil-Mars), un signalement global paraît impossible.

La Révolution donne des Mars comme Danton, des Saturne comme Robespierre, des Lune comme Desmoulins. La période napoléonienne, toute artificielle, ne créé aucun type : le grenadier de la garde est un Mars-Lune, comme tout soldat de conquête.

Avec la Restauration, Jupiter reparaît sous une forme bourgeoise : et le second empire fut Lunarien. De nos jours Mercure et Saturne dominent et font des gens sans caractère et sans gaîté, industrieux et sombres.

Les traits généraux offrent à la mémoire un élément nécessaire mais insuffisamment déterminé. Le modelé qui constitue l'expression d'un visage est presque indépendant des lignes : chaque figure de Léonard représente une individualité ; celles de Raphaël semblent consanguines. Cependant ils sont compatriotes et contemporains, mais Le Vinci précisait les nuances de la forme, et Le Sanzio, au contraire, les fondait.

Nous allons étudier analytiquement les six formes lunaires de la personnalité féminine, au point de vue spécial du choix que l'homme doit faire.

Mais, il convient de répéter que la première condition, pour élire un être complémentaire, consiste à connaître sa propre entité et non ce qui nous manque.

On peut bien indiquer à l'homme inquiet et jaloux : prenez plutôt celle-ci que celle-là ; et à celui qui veut un collaborateur dans ses entreprises : voici l'être qui convient. Mais là s'arrête le conseil : le reste demeure suspendu au jugement personnel, lucide ou obscurci.

LUNE – VÉNUS

Aimer est la destinée de la femme, que son cœur se choisisse un digne ou un pitoyable objet. Nulle autre forme de la vie ne lui procure une aussi forte vibration.

Ambitieuse, artiste, elle doit renier quelque chose de son sexe, pour réaliser une activité masculine. Celles qui se prennent aux vanités du monde, aux efforts de l'art, aux intrigues, ne gardent pour la passion que la moindre part de leur sensibilité.

Une joueuse, par exemple, ne sera jamais une amante profonde, puisqu'elle a une obsession qui l'absorbe et la détourne de son application sentimentale.

La Lune-Vénus, est une excellente épouse, en ce sens qu'elle ne se dépense pas en activité spéciale. ; et sa rêverie ne contredit pas au mariage. Les nuages où son imagination se plaît, ne sont vraiment que des nuages et passent sur elle sans l'oppresser ; leur ombre ne se reflète pas jusqu'à son cœur.

Facile à vivre, précisément parce que le jeu très vif de l'imagination agit comme soupape de sûreté ; destinée par l'humidité de son tempérament mou, à ne présenter aucune combativité à l'influence masculine ; elle conserve ses facultés d'intuition, qui parviennent à se faire jour, et influent heureusement sur l'époux.

La Vénusienne pure, sans imagination, exige beaucoup de la réalité. : il lui faut son compte d'impressions tendres et voluptueuses, et elle pèse souvent sur son compagnon ; la Vénus-Lune insatisfaite, se replie vers le rêve et exhale dans le vague les petites rancœurs de l'intimité.

La Vénus-Lune est toujours jolie : sa chair, un peu molle mais très blanche, attire la caresse et correspond au type de Rubens, aux formes rondes et grasses avec des plis et des fossettes. Les attaches laissent à désirer et le mouvement manque de vivacité, mais cette mollesse a un vrai charme, langoureux et sensuel.

Sa variabilité est intérieure ; elle change d'impression sans agir selon ce changement ; paresseuse, elle ne tentera rien contre son devoir ; mais, passive, elle ne se défendra pas du péché. Sa vertu reste suspendue à la prudence du mari ou plutôt à sa prévoyance. Qu'il se méfie de ses amis et ne laisse point de familiarités masculines s'établir avec celle qui porte son nom, et qui peut l'oublier, dans un vertige. Elle croit que tout est écrit et si l'adultère se présente, elle l'envisage comme une fatalité. Par ce sophisme, elle calme sa conscience et rejette la faute sur les circonstances. En dehors de cette fragilité, elle présente une grande faculté d'adaptation, vit presque indifféremment à Paris ou à la campagne, sédentaire ou voyageuse, jouit de l'opulence et supporte la gêne avec une quasi-indifférence. Elle épousera donc un homme vivant dans ses terres aussi bien qu'un boutiquier, et un artiste comme un boursier.

Sa nature, comme une cire sous le pouce de la vie, se laisse modeler sans résistance. Il n'est pas en elle de concevoir même la lutte.

Au reste, ses hanches très larges comme gonflées, son ventre fort, ses jambes lourdes et ses pieds épais indiquent une tendance stagnante de l'âme, une horreur instinctive du mouvement violent et des décisions fortes.

Si l'activité lui était donnée par Mars ou Jupiter, elle serait égoïste et ses caprices ne se passeraient pas en songeries.

Les anciens exprimaient la diversité lunaire par un triple symbole ; et, en effet, la Lunarienne se rencontre au cloître, au cabaret et au mauvais lieu : mystique, viveuse, ou débauchée.

Une des constatations les plus étonnantes de l'observateur est la ressemblance relativement accusée entre deux individus, l'un vertueux, l'autre vicieux.

Les superficiels croient que les bons naissent tels et n'ont jamais l'idée du mal, tandis que les pervers seraient pour ainsi dire, malgré eux, voués aux méfaits. Erreur grave : les plus purs nous épouvantent quand nous lisons le récit de leurs tentations. La vertu est dans la résistance aux instincts et non dans une nature si idéale que l'instinct n'y paraît pas.

On croit que les génies se sont donné seulement la peine de naître et que les saints n'ont suivi que leur seul penchant. Si on documente la question, on s'apercevra que les génies ont plus travaillé que les autres artistes et que les bienheureux ont eu plus fortement et plus longuement à lutter qu'aucuns. L'effort impose sa loi amère à toute créature : Nulle âme ne donne de beaux sentiments sans un émondage constant, un travail incessé, une persévérance obstinée.

La Lune-Vénus, en sa passivité, paraît neutre entre le bien et le mal, et sans zèle ; elle fait ce que la vie lui propose : mais, en veillant sur elle, on obtient une bonne compagne, pourvu qu'on ne lui demande ni initiative, ni résistance.

Si on lui ôte les soins du ménage et que sa paresse puisse librement prospérer, on a une épouse attentive et reconnaissante.

L'être de rêve est inoffensif, tant qu'il ne réalise pas ses visions : or, la lunarienne fera des vers ou se mettra au piano, et ne sera pas tentée d'un plus vif effort. Elle ressemble à ce philosophe allemand qui préférait la recherche de la vérité à la vérité elle-même.

Lune-Vénus préfère son imagination à la réalité et pour cela, elle ne cherche pas à conformer sa vie à une conception spéciale, résignée à être un bâton flottant et rêvant.

Ceux qui n'ont ni ambition, ni nécessité, peuvent se complaire auprès d'elle. En lui donnant la paix, on obtient l'amour, non pas celui rayonnant de la Solarienne, ni celui si actif de la Mercurienne, mais un amour doux et assez varié.

De plus, et ici la parenthèse a son importance, la Lune-Vénus est la seule astralité qui passe par-dessus l'âge, la laideur ou l'extrême bizarrerie ; elle présente des chances d'être aimé pour des gens qui seraient refusés par les autres planètes.

LUNE – JUPITER

On dit que le mariage met à l'homme une pierre au cou ou une couronne sur la tête.

Il est certain qu'une destinée conjugale se compose de deux éléments combinés, et que si ces éléments se complètent, la chance de bonheur augmente. La Lune-Jupiter n'accepte ni l'obscurité, ni la pénurie : quel que soit le point de départ, il faut qu'elle monte. Elle épuisera les moyens honnêtes et avouables. S'ils sont insuffisants, elle emploiera les autres, tous les autres.

Celui qui poursuit une carrière où la faveur intervient aisément, où le passe-droit est possible, où l'avancement dépend de démarches, de relations, de visites ou d'influences ; que celui-ci épouse la Lune-Jupiter.

D'expéditionnaire, il deviendra chef de bureau et mieux encore, grâce au sens pratique du succès que possède sa compagne.

Ses enfants profiteront de la protection de leur mère, et, quand elle aura épuisé ce qui peut être fait pour les siens, elle s'occupera encore de ses amis : car son génie est de caser et de pousser les gens.

Ce type devient assez rare : il était très fréquent sous la monarchie. L'époque actuelle, en amoindrissant le bien-être des classes dirigeantes, a fait disparaître cette disposition vraiment aristocratique à obliger. Beaucoup jadis mettaient leur orgueil à tirer les gens d'affaire, et à leur obtenir ce qu'ils voulaient.

Maintenant, la vie, étroite pour tous, a développé l'égoïsme, et on ne se dévoue plus que pour l'être aimé. Or, l'amour de la Jupitérienne se manifeste d'une façon efficiente, positive ; elle épouse la situation et s'attelle à l'améliorer. Son effort ne revêt pas un aspect triste, elle a beaucoup d'entrain, comme de confiance en elle-même. Elle aime tous les plaisirs, même celui de la table. Elle se plaît à recevoir et le fait utilement, enveloppant son intérêt sous de belles manières d'apparence toute mondaine.

Tant que la situation n'a pas été faite, elle a montré une sage économie, beaucoup de raison et de mesure ; le résultat obtenu, elle devient prodigue et dépasse ses revenus.

Elle tient prodigieusement à ce que la boutonnière de son époux soit fleurie, et que sa carte porte une fonction officielle.

Elle épouse des magistrats, des directeurs d'entreprise, de hauts administrateurs, ou du moins des gens de ce type et de ces carrières ; elle n'admet pas l'artiste avant le succès et déteste l'excentrique et toute trace de négligé.

Toujours sanglée dans son corset, sans aucun laisser-aller, elle a, quel que soit son monde, des règles de tenue et de paroles qu'elle suit religieusement.

Cette femme sait se garder et n'est jamais à la merci d'un galant. Le sens de sa dignité, une forte notion du devoir et un tempérament plutôt égrillard que passionné, l'éloignent de ces surprises des sens où tombe la Lunarienne. Il lui faut de bonnes et fortes raisons d'économie domestique pour avoir une faiblesse. Sa coquetterie, plus vaniteuse que sensuelle la porte aux succès mondains plutôt qu'aux intimités amoureuses. Elle veut plaire au salon, devant tous, sous l'éclat des lumières ; les plaisirs cachés et d'où l'humiliation peut sortir, ne l'attirent pas.

Vraie bonne mère, attentive à ses enfants, elle prend très au sérieux ses devoirs. L'opinion qu'elle veut donner d'elle-même constitue un sûr garant de ses mœurs qui sont gaies mais correctes. Dans l'intimité, elle aime l'anecdote piquante et même salée. Dès l'âge critique, la gourmandise passe à l'état de péché capital, et le plaisir qu'elle offre le plus volontiers à ses amis est le très bon dîner.

Ce qui achèverait de la recommander comme épouse, c'est d'abord qu'on ne saurait, à moins d'être prince du sang, l'obtenir de la main gauche, et ensuite la chance visiblement présente dans sa vie.

Elle n'est jamais longtemps malheureuse, tandis que la Solarienne, si supérieure, passe sa vie à lutter contre l'injustice.

Parfaite femme du monde, noble ou bourgeoise, la Jupitérienne accomplit dignement les devoirs du foyer et ceux de la situation. Elle n'a de transcendant que sa politique sociale et sa chance, mais on trouve en elle la plupart des qualités à un degré moyen : leur réunion devient un gage de succès plus vif qu'une potentialité exagérée, parmi des lacunes. Donc, tout homme qui doit parcourir une carrière officielle trouve en ce type sa complémentaire et lui donne l'occasion d'exercer ses facultés, pour le bien du foyer.

Beaucoup de reines furent des Jupitériennes. Ce sont celles que le peuple appelle des « maîtresses femmes ».

LUNE – SOLEIL

Une parfaite sérénité s'exhale de ce visage. Le front est noblement bombé, les yeux bleus regardent avec calme et réverbèrent une conscience fière et pure. Elle peut comprendre et consoler le méconnu et se dévouer à lui, si elle croit à son mérite.

La pauvreté, l'obscurité n'offusquent pas la Solarienne, mais il faut qu'elle admire pour aimer. Le malheur ne suffirait pas à la toucher, il faut que ce soit le génie malheureux, génie d'art ou de science, d'invention ou de politique. Elle ne se prend qu'à un mérite spirituel et qui lui paraît transcendant. Elle eût aimé Salomon de Caus comme Chatterton, Millet comme Gilbert. Car l'opinion publique ne lui semble que celle des sots et des incompétents, et elle tiendrait contre l'univers pour son idée. Si elle reçoit l'influence exclusive d'Apollon, son enthousiasme devance le jugement des siècles. Sous le regard de la Lune elle se trompe comme Titania et prend Botton pour un autre Oberon : mais cette erreur, généreuse en soi, a de grands effets de charité. Ainsi se voient consolés des êtres voués à l'esseulement et à la méconnaissance. Car, ils sont nombreux les poètes imparfaits à s'exprimer, les artistes qui n'atteignent pas à la réalisation de l'œuvre, et tous les martyrs des sentiments et de l'idée !

La Solarienne est fidèle, sage, circonspecte et incapable de s'encanailler. L'influence lunaire souvent obscurcit sa belle raison, et elle se trompe alors sur les hommes et les choses, mais son erreur ne nuit qu'à elle-même ; engagée dans une voie fausse, elle croit de son honneur de ne pas l'avouer et, ayant perdu ses illusions sur un homme, elle ne cessera pas son dévouement. Sa noblesse de cœur et de conduite, se manifeste à tous les moments.

Le sentiment du beau qui lui fait éprouver de vives émotions, elle le ressent devant les actions comme devant les œuvres, elle admire l'héroïsme, le désintéressement, et ne resterait pas avec un homme indélicat ou d'une honnêteté trop relative. Elle a horreur et dédain du négoce et des choses pratiques, et jamais ne s'intéressera à une destinée basée sur des occupations matérielles.

Malgré ces incomparables qualités, la Solarienne ne rencontre que le malheur dans le domaine des affections. Même si elle ne se trompe pas sur l'être aimé, des circonstances surviennent qui la désespèrent et l'isolent.

Trop fière pour montrer de la jalousie et trop constante pour quitter l'infidèle, elle est stupidement trompée pour un vertige des sens et le pardonne, sans jamais l'oublier. La mythologie nous montre la perpétuelle infortune d'Apollon en amour : Daphné s'enfuit toujours comme si la perfection solaire était un obstacle à la passion.

Lyrique et raisonnable à la fois, exaltée en ses élans et sage dans la conduite, elle réunit la poésie à l'honnêteté, et le charme de Vénus à la tempérance de Jupiter, mais avec plus de flamme et d'altruisme.

Cependant, ce même orgueil qui fait la vertu de la Solarienne embarrasse l'intimité par des susceptibilité aiguës. Aux moments d'humeur, elle a des paroles humiliantes pour son mari et le blesse profondément par des critiques justes sur la moindre absence de scrupule. La rigueur de sa logique cause souvent des malaises à ceux qui l'entourent ; nature entière et intransigeante, elle fuit les ménagements et se révolte à l'idée des concessions : elle devient un censeur dans les circonstances où il faudrait voir les choses d'un œil pratique et indulgent.

Cette disposition à évoquer sans cesse le point d'honneur lui aliène son époux, sans autre tort que celui de vouloir imposer une trop grande rectitude morale.

Les hommes romanesques doivent ici se manifester : nulle autre ne les écoutera, avec autant d'écho que la Lune-Soleil.

Persévérante, elle supporte bien la misère et les ennuis domestiques, car elle espère toujours de prochains succès. On la verra porter de théâtre en théâtre la partition d'un inconnu et ne pas désespérer des refus. Elle croit fermement que la Providence ne l'oubliera pas, et cette croyance lui donne la force de lutter, même pour des rêves !

LUNE – MERCURE

Lorsque la femme a le sens des affaires elle y apporte, avec l'intuition qui est le génie de son sexe, un esprit de détail et un coup d'œil immédiat, tout à fait remarquables.

On demandait au fameux Talleyrand comment il avait appris la diplomatie, il répondit : « en m'appliquant à étudier les commères de mon quartier ». Une entreprise, sauf pour la conception, demande surtout du coup d'œil, de l'application et de la constance, toutes choses que bien des femmes prodiguent dans leur ménage qu'elles maintiennent alors que l'époux le laisserait crouler.

Qu'il s'agisse de fabrication ou de négoce, de créer un produit ou de le placer, ce type apparaît merveilleusement doué, et se conduit en associé inestimable. Quiconque s'occupe de commerce ou d'industrie doit chercher une compagne de ce genre, pour être vraiment compris.

L'ingéniosité native ne demande qu'à s'appliquer : elle a besoin de faire des combinaisons, comme d'autres ont besoin de mouvement. Ce qui serait ailleurs l'effet d'un zèle surprenant, ne manifeste que son instinct de « débrouillarde ».

Et si elle n'a point d'affaires personnelles, elle mettra la main à celles des autres pour s'occuper. Même riche, elle fait chez elle le tapissier et s'entend à raccommoder les objets. Conciliante, elle vit en paix avec sa famille et celle de son mari.

Son art de tourner les angles ne l'abandonne jamais : elle est habile par habitude.

Souvent elle s'essaye à modeler et avec succès. Elle collabore au travail de l'époux, quel que soit ce travail. Sa vivacité de perception et sa mémoire tiennent du prodige : elle retient les détails d'une conversation, d'une invention et possède la faculté de voir, en un seul regard, tous les gens réunis dans une salle. En somme ce qui caractérise la Mercurienne c'est le sens pratique et réalisateur.

Elle tire partie des défauts même de son mari, et s'adapte à son humeur, de telle façon qu'elle le mène, sans qu'il en ait l'impression : l'apparence reste passive. En réalité, elle échappe toujours à l'influence, et impose la sienne par insinuation. Elle suggère son désir et ainsi semble obéir. Cette souplesse corporelle qui la fait danseuse ou acrobate remarquable, a son équivalent dans sa souplesse morale elle devient commerçante avec le marchand, intrigante avec le politicien, hypocrite avec le dévot, elle s'incorpore à la destinée masculine et la conduit à la réussite.

Au sens amoureux et intime, la Lune-Mercure montre la même faculté d'adaptation au tempérament que celle appliquée aux circonstances ; elle convient aux personnalités diverses, tendre avec le lymphatique, vibrante avec le sanguin, passionnée avec le bilieux, bizarre avec le nerveux, avec tous charmante.

Persuasive et très douce pour amener les autres à son opinion ; aimable de rapports, voyant toujours le but et ne s'acharnant pas à de vains détails, peu lubrique, elle porte son activité à réaliser une bonne situation.

Le sens pratique de la vie, le sens psychologique des gens, lui constituent des prérogatives incontestables sur les autres astralités. Son tact lui permet de vivre en bonne intelligence, même avec la méfiance de Saturne ou l'infatuation de Jupiter ; elle séduit Vénus par ses souples manières ; et il n'est pas jusqu'à Mars qui ne soit charmé par son aménité.

Déplus, malgré que l'intuition pourrait lui suffire, elle étudie ou plutôt elle réfléchit sur tout ce qui l'occupe et arrive ainsi à une compétence rare, quelle que soit la matière de son activité. Une Lune-Mercure pourra diriger une usine et remplacer presque l'ingénieur.

Ses défauts seront le bavardage, la hâblerie et la superstition : elle croira aux présages, pâlira devant la salière renversée, mais ne faiblira pas au moment d'une saisie ou d'une faillite.

À tous ceux qui vivent dans le négoce ou les affaires, la Lune-Mercure représente le meilleur associé : l'individuel lui-même, y trouvera un adjuvant appréciable.

Pour l'idéalité et la volupté, c'est à la Solarienne et à la Vénusienne qu'on doit s'adresser.

LUNE – SATURNE

La supériorité de la pensée ne constitue, ni pour soi, ni pour autrui, un clément de bonheur ; ce n'est qu'une dignité ; un élément d'orgueil qui n'influe pas sur le cours de l'existence.

Ce qui se réalise en ce monde c'est l'intérêt bien conçu, en rapport des autres intérêts.

Quant aux idées, elles mènent leurs hérauts à l'hôpital pour y mourir.

Saturne représente la fatalité ; modifiée par la Lune, cette triste planète s'attendrit et alors montre un dévouement qui rivalise avec celui du Soleil.

Ce type convient aux vaincus de la vie qui doivent mener une existence petite et retirée, en province ou à la campagne, et qui ont abdiqué l'idée de succès ou d'ambition.

Compagne résignée, acceptant la pénurie et même la déconsidération la Lune-Saturne peut offrir une vraie affection au failli, à l'ancien forçat, à celui qui est mis au ban de la société, car son intellectuelle nature méprise l'opinion et lui tient tête. Aimée, cette femme brave le jugement de l'univers ; elle ne voit que son homme, l'aime et le défend comme une louve, eût-il dans son passé dix ans de maison centrale ; il est sacré, pour cette âme profonde qui met l'amour au-dessus de tout, parce qu'il lui représente la chose presque impossible.

Cet être lent et taciturne est immuable en ses affections et ne les trahit jamais.

Peu voluptueuse et seulement jalouse, il lui suffit de n'être pas trompée pour s'estimer heureuse. Elle s'enferme dans sa passion et dédaigne tout du monde. Sa prudence excelle à sauver la tête, la fortune ou la liberté d'un homme et, dans les intrigues à longue échéance, elle l'emporte toujours.

Malheureusement, son émanation instinctive est déprimante, elle nuit à la santé même de son époux, par sa propriété absorbante.

Le désir humain est d'autant plus impérieux qu'il espère moins être satisfait. En patronnant Jupiter, en faisant arriver Mercure, on réalise ce qu'ils attendaient avec confiance : ils sont satisfaits, reconnaissants, non pas stupéfaits.

La Saturnienne, en recevant l'amour reçoit l'inespéré ; l'impossible se réalise et sa reconnaissance s'ingénie à remplir les formes les plus variées du dévouement. En effet, être aimée représente la chose inestimable et ineffable pour cet être sombre, timide, sans grâce et sans beauté.

Une âme Saturnienne se passionne souvent pour l'avenir d'un homme et le sert, même sans espoir d'amour, pour passionner sa vie et lui donner un but. Cette amitié garde un caractère de jalousie et d'inquiétude : un tel tempérament doute sans cesse du cœur d'autrui ; et pour cela, persécute ceux qu'elle aime de sa tendresse ombrageuse et tatillonne, avec une inquisition rageuse des moindres faits et une surveillance de chaque instant. L'habitude de passer le plus mince événement au crible d'une critique incessante lui fait découvrir des motifs de peine qui resteraient inaperçus à d'autres. Jalouse de la tendresse qu'on montre aux animaux, d'une inflexion de voix, elle n'ose exprimer cette susceptibilité, de peur qu'on ne secoue son joug, et ravale ainsi ses déplaisirs : et cela entretient l'aigreur de son caractère.

Maladroite en ses gestes, elle manifeste mal sa tendresse, ou par une crispation de sensitive, la cache soigneusement.

Cette femme, qui ne rêve que passion, se défend, fait la renchérie, quitte à se désespérer si on se lasse de la résistance. Il faut presque la violenter pour qu'elle accepte ce qu'elle souhaite par-dessus tout, et souvent elle manque sa vie par cette crise de pudeur féline.

La peur d'être déçue l'empêche de saisir l'occasion et elle garde le célibat, bien des fois, pour avoir découragé un mouvement tendre auquel, intérieurement, elle répondait.

Rien de plus difficile que de lui faire accepter le bonheur, et comme elle n'a point de beauté attirante, rares sont ceux qui s'entêtent et qui supportent les manières dilatoires d'une femme laide.

Cependant, nous le répétons, pour les humbles, les vaincus, les gens ruinés, même les déshonorés, la Lune-Saturne reste la femme aimante, fidèle et dévouée jusqu'à l'héroïsme.

LUNE – MARS

Quiconque voit s'ouvrir devant lui une vie de dangers, d'efforts, de lutte où la femme a lieu d'être un homme ; quiconque va défricher, explorer, combattre ; quiconque a besoin de trouver dans sa femme un bras et un courage, doit choisir la Lune-Mars. C'est la femme désignée pour le proscrit, l'exilé, le trappeur, le pionnier, l'aventurier.

Ce nez qui se recourbe en forme de bec, ce menton qui s'avance proéminent, cette face rouge et congestionnée, ces membres trapus, ces deltoïdes développés, indiquent que la nature s'est trompée et n'a pas attribué à cet être, son vrai sexe. Type de lutte et de défense, tenace et valeureux, elle résiste à la mauvaise fortune : et son énergie n'est brisée par aucune contradiction des événements. Ce que la témérité peut opérer, elle l'obtient.

Point de vapeurs, de nerfs, de sensibilité maladive : son âme sèche et chaude n'a rien de féminin et son cœur bat virilement. Elle regarde tout en face, hommes et choses, et voit une occasion de lutte dans la moindre contradiction. Née protectrice, elle est à son avantage aux heures critiques et, comme mère, elle accomplit de grandes choses. La voix du sang parle très haut et engendre le sacrifice immédiat.

Le premier mouvement revêt de la générosité ou de l'aveuglement : il n'y a que peu d'idées en elle et point de délibération. Sa volonté et son sentiment se confondent en une détente brusque.

Ses actes toujours spontanés ne traduisent qu'une vibration : elle donne au choc de la vie ou un admirable accord, ou une note discordante, sans pouvoir se modifier.

Et, cependant, comme l'homme dominé par Mars accepte la rigoureuse discipline de l'armée, la femme de cette influence obéit, militairement aussi, à un certain ordre d'idées qui lui résume son devoir.

La Marsienne ne trahit pas ; son point d'honneur lui défend de machiner des noirceurs et des faussetés. Elle peut injurier et frapper, et non perdre quelqu'un par des agissements. Sa jalousie est brutale, espagnole et souvent sanglante, mais elle n'est pas perspicace, et ne se convainc que par ses propres yeux.

Celles qui ont la peau comme enflammée et le coin des lèvres abaissé, les yeux très enfoncés, sont à craindre. Du reste, la brutalité de la voix et l'extrême fixité du regard valent toujours comme des indices de s'écarter. Car en exprimant que la femme qui se manifeste ainsi n'a rien de féminin, ils nous avertissent de ne pas affronter des êtres à demi monstrueux.

La Marsienne a beaucoup d'éloquence et de chaleur dans ses passions : Cassandre, la malheureuse prêtresse d'Apollon, dévouée à une mort si tragique, avait, dit Porta dans sa Physiognomonie, « la peau d'un rouge feu et les yeux ardents ».

Elle s'impose à l'homme et le vient chercher, provocante et très hardie ; mais, une fois captivée elle-même, elle subit la domination sensuelle, et obéit à son maître comme à un chef, avec des soubresauts d'indépendance se résolvant aisément.

Tout le monde a remarqué la douceur et même la passivité intime d'officiers très violents dans les rencontres extérieures : la Marsienne reproduit ce même phénomène. Elle subira la domination de son mari si elle l'aime, et si elle est amoureusement satisfaite. Il y a dans l'irascibilité une faiblesse véritable ; l'être se dépense en éclats, en cris et, finalement, reste sous la main qui le tient avec douceur, mais constamment.

Cette forte voix, ces mouvements brusques, cette poigne dure aux grands doigts forts, cette extériorité presque menaçante, n'est pas aussi redoutable qu'elle paraît. La froide observation de Saturne, le coup d'œil si pénétrant de Mercure, manifestent une volonté autrement précise et redoutable.

Avec Mars, on ne doit craindre que les éclats, mais ils épuisent la force nerveuse et Mars-Lune peut être une épouse bourrue certes, criarde, mais appliquée à ses devoirs et fanatique d'affection.

CONCLUSION

Le lecteur de ce livre est-il en mesure de choisir sa compagne, pour connaître sous quels traits se classent les diverses activités féminines ?

Nul ingénu ne le croira. L'observation ne s'enseigne pas, même avec de bonnes règles, en un moment. Mais le lecteur a pu prendre le goût de lire sur les visages et, dès lors, sans rien faire de spécial, au cours des occupations journalières, il mettra des noms de planètes sur les femmes qu'il voit et les différenciera les unes des autres, non par la coloration des cheveux, mais par celle du cœur.

Il reconnaîtra à la démarche et aux mouvements les différentes astralités et ne confondra pas la Lunarienne passive et rêveuse avec la Vénusienne langoureuse et passionnée. Il saura qu'il faut marquer de la déférence à la Jupitérienne et que les hautes pensées seules sont écoutées d'une Solarienne.

Il lui manque cependant quelque chose d'important, pour se choisir une compagne, c'est de se connaître lui-même.

Car il ne sait pas quelles sont ses propres influences astrales ; et il faudrait un traité spécial pour les lui enseigner.

Cependant il essayera de se classer d'après sa profession et ses tendances.

Est-il misanthrope, long, maigre, osseux, taciturne, lent et réfléchi ? C'est un Saturnien.

Est-il jovial, ambitieux, gourmand, vaniteux, bienveillant et gai ? C'est un Jupitérien .

Est-il habile, actif, toujours en mouvement et appliqué aux perfectionnements ? C'est un Mercure.

Est-il poète ou enthousiaste, dédaigneux de l'opinion : C'est un Solarien.

Est-il violent, courageux, jaloux et dévoué ? C'est un Mars.

Est-il rêveur, bizarre, excentrique et de goûts solitaires ? C'est un Lunarien.

Est-il efféminé, sensuel, tout à l'amour ? C'est un Venusien.

Les attractions sexuelles obéissent à une fatalité véritable. Le peuple ne dit-il pas « que tout mariage est écrit ». On cède à un entraînement irréfléchi, parfois invincible ; souvent aussi on garde la faculté de raisonner et de juger. Pour ces fois là, un manuel de psychologie d'après la physionomie, servira de guide et donnera de bons avertissements.

Deviner, dans n'importe quelle mesure, l'intériorité par l'extérieur, supposer l'âme d'après le corps, représente un intérêt de curiosité et un très subtil exercice de perspicacité. Nous avons donné à ce traité une forme simple et facile, au lieu de l'appareil pédant qu'on emploie d'ordinaire, dès qu'il s'agit de semblables matières. À quoi bon indiquer au lecteur que telle remarque est une tradition de tel siècle, et que cette autre se trouve dans tel ouvrage. Qui donc irait vérifier ? Ceux qui sont versés dans les sciences occultes savent les sources où nous avons puisé ; les autres n'ont que de l'intérêt à nous croire : car, l'observation ne s'invente pas et nous n'avons donné que les résultats de l'observation séculaire, en l'adaptant au temps présent.

Si *l'Art de choisir sa femme* intéresse vraiment, on pourra donner ensuite *l'Art de choisir son mari*.

Il est juste que chaque sexe soit également averti et profite des mêmes avantages, dans cette décision qui est la plus grave de toutes celles de la vie.